THE COMPLETE BIBLE OF

BUSINESS COACHING

ビジネス
コーチング
大全

橋場 剛

GO HASHIBA

日本経済新聞出版

はじめに

ビジネスコーチングとは何か？
ビジネスコーチとは、どのような人か？

２０２０年から２０２３年にかけて地球規模で全人類を襲った新型コロナウイルス感染症のパンデミック（世界的大流行）は、世界中の人々の生き方・働き方を結果的に一変させることとなり、ビジネスコーチングの提供スタイルもまた、対面・リアルから瞬く間にオンライン中心に切り替わった。それにより、ほぼ毎月あった出張は一切なくなり、ビジネスコーチングの提供スタイルは時間・場所・空間・移動の制約から解放され、いつでも、どこでも、地球上の誰にでも、Ｗｅｂ会議システムでつながることで提供が可能になった。

２０１９年に発売された書籍『１兆ドルコーチ』（エリック・シュミットほか著、櫻井祐子訳、ダイヤモンド社）では、スティーブ・ジョブズ氏（アップル創業者）、ラリー・ペイジ氏（グーグル創業者）ら多くの名経営者を導いたコーチの姿が描かれ話題となったが、その中にこんな一節がある。

「すぐれたマネジャーやリーダーでいるためには、すぐれたコーチでいなくてはならない。コーチングはもはや特殊技能ではない。めまぐるしい変化と熾烈な競争が渦巻く、テクノロジー主導のビジネス界で成功するには、パフォーマンスの高いチームをつくり、とてつもないことを成し遂げるための資源と自由を彼らに与えなくてはならない。」

この言葉の通り、**コーチングは特殊技能などでは決してなく、誰もが身に付けられるものであり、誰もが実践できる行為だ。**

日本においてビジネスの世界にコーチングが取り入れられるようになったのは1990年代後半であり、すでに四半世紀以上が経過した。ビジネスコーチングが日本に入ってきた当時と2020年代以降とでは、企業の事業環境は大きく変わり、テクノロジーも大きく進歩した。ESGやSDGsといった言葉を見ない日がないほど、地球環境への配慮や社会貢献の重要度が高まり、企業はもはや自社の売上・利益さえ上げればよいという時代ではなくなり、企業経営者にはより一層の高い視座と広い視野を持った事業経営が求められる時代となった。

そうした事業環境変化とテクノロジーの発達に伴い、ビジネスコーチングのアプローチもいまなお進化を続けており、発展途上だ。企業や企業経営者に高い視座と広い視野が求められているということはすなわち、彼らを支援するビジネスコーチにもそれらが要求されることを意味している。人類が直面する深刻な全地球規模での環境問題は、持続可能であることを追求する姿勢としてあらゆる分野・局面においてわれわれ人類にサステナビリティ（持続可能性）を重視する姿勢を求めるようになった。食料、農業、エネルギーといった分野のみならず、リスキリング（学び直し）の重要性が広がっていることに象徴されるように、教育やビジネスコーチングに対してまでもそれが期待されつつあると、日々のビジネスコーチングの活動を通じて実感している。

これまでのビジネスコーチングにおいて、企業のエグゼクティブの意識変革・行動変容がその行為の先にある「成果」として期待されていたとすれば、それはすでに過去のものとなりつつあるのかもしれない。それは、世界経済を牽引する組織・企業が、もはや単なるエグゼクティブの意識変革や行動変容のみを期待するのではなく、**意識変革・行動変容の「習慣化」「定着化」を大前提としたサステナブル（持続可能）なビジネス成長を目指すようになりつつある**からだ。それは、意識変革や行動変容が一過性のものにとどまらず、個人の中にしっかりと根付き、その結果「成長し続ける組織」を実現するという期待値にほかならない。

しかし、そうした理想が掲げられる一方では、意識変革・行動変容すらもなかなか思うように進まない状況があるのもまた事実だ。トップアスリートが高いパフォーマンスを発揮できることもあれば、スランプに陥ることもある。それと同じで、ビジネスコーチングに日々取り組むなか、「本当にこのアプローチが正しかったのだろうか」と私自身悩み、考えあぐねることも決して少なくない。こちらが万全を期してビジネスコーチングに臨んでも、相手が精神的に落ち込んでいてなかなかコーチングがうまく機能しないこともある。あるいは、相手の調子が非常によかったとしても、こちらが万全の体調・万全のマインドではない日も正直ある。

そのような状況にあっても、様々な制約があるなかで「いまこの瞬間」にでき得る最善を尽くしていくことが責務であると自分自身に毎回言い聞かせてきた。しかし、プロのビジネスコーチとして20年近くもビジネスコーチングに愚直に取り組んできたものの、日々の仕事に忙殺され、冒頭に掲げた「ビジネスコーチングとは何か?」「ビジネスコーチとは、どのような人か?」といった問いに対する答えをきちんと言語化し、伝えるべき相手にこれまできちんと伝えることができずにいた。

世の中で「成功」している人は、ほぼ例外なく「成功する哲学」を持っている。「成功」という言葉が持つ意味合いも時代と共に変容し、かつての「経済的な豊かさ」といった意味合いはすでに希薄化しており、何をもって成功とするかについても個々人による意味づけが求められつつあり、人によって得たい成果自体が多様化してきている。「成功」や「成果」という言葉にどのような意味を与えたとしても、それを命ある期間に成就させられる人にはブレない軸となる哲学がある。

同様に、ビジネスコーチングでよりよい成果をもたらすためにも「哲学」がある。ビジネスコーチング実践のプロセスを通じて、どのようにすればクライアントをより早く、より高い成果に導くことができるのか、どうすれば彼らが考える「成功」に近づくための支援ができるのか。20年近くにわたって、思えば1日1日、そして、1回1回のコーチングセッションが毎回「実験」の場であり、試行錯誤の連続であったし、いまも現在進行形でその感覚は変わらない。クライアントの大きな成果につながり、喜んでいただいたこともある一方で、思うような成果につながらず、忸怩たる思いも幾度となく経験してきた。

しかしながら、新型コロナウイルスの発生から3年目を迎え、世界中が疲弊している状況においても（2023年10月時点）、この約20年間ずっとビジネスコーチングの魅力に取り憑かれ、ビジネスコーチングの実践に邁進してきたひとりの人間として、ビジネスコーチングの考え方やその本質について分かりやすくお伝えしたいと考えるようになった。

また、なぜ、いま、ビジネスコーチングについて本を出すのか、という問いに対しては、もうひとつ大きな理由がある。それは、この20年の間で企業や組織がコーチングやビジネスコーチングに求めているものが大きく変わりつつあるからだ。

ビジネスにおけるコーチングが日本でも始まった当初は、おおまかに言えば、コーチングを受ける人の話をしっかり傾聴したうえで、効果的な質問をすることで、クライアント自身の気づきや行動変容につながることが期待されていた部分もあり、いわゆる「コミュニケーション」にフォーカスを合わせたコーチングが期待されていた。ところが2010年代以降、事業環境変化が高速化し、コーチングやビジネスコーチングに対する期待は「コミュニケーション改善」から「事業の推進・拡大」にシフトしつつある。リーダーや管理職が部下の話をしっかり傾聴するだけでは、業績を上げ、組織を成長させることは到底できない。リーダー・経営者自身は、常に「もっと自社の事業を進化・発展させるためには、どんな人材が必要か。顧客に対するどのような価値提供が求められるのか」といったことを考え続けているのだ。

その結果、多くの企業・組織が、当たり前のように「自律型人材」の育成に取り組み始めた。「自律型人材の育成」は、決してそれ自体が目的ではない。「自律」の先には、「主体性」の発揮があり、**いま世界に求められているのは、変化を主体的に起こせる人材だ。**

そうしたなかでビジネスコーチングに求められている期待値が何であるかについて、現場の最前線の観点で読者の皆様にご覧いただきたいと考えている。それは、ビジネスコーチングにはそれだけ可能性があり、多くのビジネスパーソンがこの手法を知ることにより、人と組織のパフォーマンスを最大限引き出すことが可能になると私自身が心底信じているからだ。そして、ビジネスコーチングの考え方は、人と組織のパフォーマンスを最大限に引き出す以上に、やや大げさに言えば、**人としてのあり方、人としてのよりよい生き方、人生を豊かにするうえでのヒントを与えてくれる**ものでもあったからだ。

私はビジネスコーチングを通じて、クライアントである多くの魅力的なリーダーたちとの対話から、あるいは彼らのリーダーとしての行動から、実に多くを学んできた。コーチングやビジネスコーチングを手がける団体や企業は私が所属する会社以外にいくつも存在し、様々な理論や考え方があることは重々承知しているが、本書に書かれているのは、一般的なコーチング理論、一般的なビジネスコーチング理論ではなく、私が２００５年に仲間と共にビジネスコーチ株式会社を立ち上げてからの18年あまりの期間に及ぶクライアントとの1万時間を超える実際の対話を通じて、「対話の実験」を繰り返し、成功確率が高いと考えるに至ったアプローチだ。すなわち本書は、現役ビジネスコーチによる、ビジネスコーチのための、ビジネスコーチングに関する本と言えるだろう。

医療の世界では、実際に患者に接し、診察や治療を行う現場を「臨床」と呼ぶが、本書に書いたことは、理論上の研究成果ではないという意味で、ビジネスコーチングという**「臨床」の現場から得られた「実践知」**である。もちろん「理論」についても一部言及はしているが、ビジネスコーチングの実践を通じて獲得したビジネスコーチングの「リアル」をできる限り拾い上げて書くことを心がけたつもりである。「リアル」というのは自分自身が実際に取り組み、やってみたことだという意味だ。実体験に基づいて内省し、そこから導いた未来に向けた仮説も提示させていただいた。

「成功」の定義は人によって様々だが、ビジネスコーチングにおける定義として外すことができない点が2つだけある。それは**「行動変容・実践」と「習慣化・定着化」**だ。「成功」を手にした人たちは、例外なくこの2つの点を意識的に「仕組み化」させることに成功している。

ここで言う「行動変容」は、新型コロナウイルス感染症のパンデミックで全人類が余儀なくされたマスク着用やソーシャルディスタンスなどのなかば「強制」されたそれとは異なり、よりよい成果・目標の達成に向けて自らがよりよい行動を選択し、実践を継続していくという、ポジティブなものだ。ちなみに「行動変容」と似た言葉に「行動変革」があるが、「行動変革」という言葉には自ら変わろうとする主体的な意思が感じられる（一例として、自己変革という表現はあっても、自己変容という表現は聞かれない）。自ら積極的に行動を変えようと思っている人は決して多くはないが、よりよいパフォーマンス、よりよい成果を上げるためには、まずは自身の行動を変えること、アップデートしていく必要があることは、多くの人が頭の中では薄々理解している。しかしながら、すべての人が自己変革という主体的な意思を持っているわけではなく、外部からの何らかの働きかけやきっかけがあってはじめて行動を変える人も多くいることを考慮して、本書では「行動変革」よりも大きな概念として「行動変容」という言葉を使うこととした。

熾烈なグローバルの競争において、米国や中国の後塵を拝するどころか、大きく水をあけられてしまった日本は、ダイバーシティマネジメントやエンゲージメント経営に対して焦燥感を持ちつつ躍起になって取り組み始めているが、根底に共通する必要なことは、「他者理解の重要性」

と「他者の魅力・想い・能力」の発揮を支援して、より質の高いアウトプットにつなげようというマインドだ。そして、他者理解と他者の魅力・想い・能力発揮の支援のために不可欠なのが、「対話」である。

2021年6月に改訂されたコーポレートガバナンス・コードに「人的資本への投資」を開示すべきとの文言が盛り込まれたことは注目すべきことだが、こうした変革圧力があってから変わろうとするスタンス自体が「受け身」であり、日本の成長を鈍化させてしまっている要因とも言える。

本書の執筆が終盤に差しかかった2022年2月24日、ロシアによるウクライナへの軍事侵攻が始まった。思わず目を疑った。いまなお心を痛めていらっしゃる読者も少なくないはずだ。いまこそ「真の対話」「他者理解を尊重した対話」が重視されなければならない。

すでにビジネスコーチとして活動する人はもちろん、これからビジネスコーチを目指す人、組織の中でビジネスコーチングを実践したい人、そして「思考と対話」の力によって人と組織の可能性を最大限引き出したいと考える人、よりよく生きたいと考えるすべての人に、この本が役立つことを願っている。

前述した通り、コーチングは誰もが身につけられるものであり、自宅や近くのカフェや職場で読者の皆さんが気軽にコーヒーを楽しむように、コーチングの考え方や関わり方も、プライベートの空間においても職場などのビジネスのシーンにおいても気軽に活用できるものだ。どうか肩の力を抜いて、リラックスして、興味あるところから本書を読んでいただき、ひとつでも現場で使っていただける内容をお届けできるとすれば幸いである。

なお、本書を読んでくださる方は、おそらく忙しい日々を過ごされていると思う。読書に充てる時間があるなら、仕事や娯楽や家族・友人との時間を優先させる方も少なくないのではないか。そうした忙しい読者の方にも短時間で本書のエッセンスを摑んでいただけるよう、各章のおわりに「ポイント」と「簡単なワーク（演習）」を用意した。ぜひ有効に活用していただければと思う。

ビジネスコーチングの世界へようこそ。

目次

第8章 「コーチングの神様」マーシャル・ゴールドスミス氏直伝、リーダーの行動変容の神髄 217

第9章 クライアント企業の声 241

第10章 ビジネスコーチの未来とこれからの役割 267

THE COMPLETE BIBLE OF
BUSINESS COACHING

第1章

なぜ、いま、ビジネスコーチングなのか?

1

超VUCA時代に急務となった自律型人材の育成

なぜ、いま、ビジネスコーチングなのか？

この問いについて考えるためには、「ビジネスコーチングとは何か？」が明確となっていることが前提となるが、定義については第2章で触れることとし、ここでは「なぜ」「いま」に焦点を当てて考えたい。

「失われた30年」から日本が復活するために、いまほど「自律的な人材」が求められている時代はない。「自律的な人材」とは一言で言えば、「自ら考え、自ら行動でき、自ら成果を生み出すことができる人材」のことだ。

自律的な人材育成に有効なアプローチのひとつが、「ビジネスコーチング」である。ビジネスコーチングは単なるコミュニケーションスキルではなく、「ビジネス上のよりよい成果を実現する」ために、コーチとクライアントとの「思考と対話」を軸にあらゆるアプローチを駆使した「ビジネススキル」とも言える。

1989年の世界時価総額ランキングでトップ10に日本企業7社がランクインしていた頃、日本を代表する多くの企業は、経営幹部の強烈なトップダウンのマネジメントによって優れた製品・サービスを生み出し、顧客に高い価値を届け、多くの収益を上げることに成功していた。しかしながら、そのわずか30年後の2020年には、世界時価総額ランキングトップ10から日本企業の名前はすべて消えてしまい（2020年の日本企業トップがトヨタ自動車の43位）、GAFA（グーグル、アップル、フェイスブック〈現メタ・プラットフォームズ〉、アマゾン）やアリババ、テンセントといった米国や中国のハイテク企業が上位を占めることとなった。

この変化の背景には、もちろん様々な要因が絡み合っているものの、組織マネジメントや人にフォーカスして考えると、いわゆる「トップダウンのみによるマネジメント」の時代が終焉を迎え、トップダウンに加えて「ボトムアップ」やミドル層からの「ミドルアップダウン」がなければ環境変化に対応することが難しくなってしまったことを示唆している。ボトムアップやミドルアップダウンが機能する大前提には、経営トップに情報を正確かつ迅速に「アップする（情報を上層部に上げる）」ミドル（中間管理職層）やボトム（非管理職層）の人が成熟している必要があり、ミドルやボトムが成熟しているというのはつまり、一言で言えば「自律している」人材ということになる。

「自律」の反対は「他律」である。「会社や上司から言われたことをやる」のが他律だとすると、「会社や上司から言われなくても自ら考え、自ら主体的に行動でき、自ら成果を生み出すことができる」のが自律だ。自律を高めるために有効なアプローチは、「対話」と「思考」であり、ビジネスコーチングは「対話」により「思考」を高度化し、よりよい「行動」「成果」に導く行為である。

コロナショックによる働き方の大転換

２０２０年４月に日本で最初の緊急事態宣言が発令されてから、新型コロナウイルス感染症のパンデミック（世界的大流行）のために、日本の多くの大企業はリモートワーク・在宅勤務を余儀なくされた。むろん、業種業態によっては出社せざるを得ない企業も存在するが、いったんリモートワーク・在宅勤務を採用した企業においては、ウィズコロナの現在（２０２３年10月現在）においても社員のリモートワークを継続し、いわゆる在宅勤務と出社出勤を併用するハイブリッドな働き方を採用する企業は少なくない。

リモートワーク・在宅勤務は、企業の経営サイドからすると2つの大きな問題をもたらした。ひとつは、「社員のマネジメントが難しくなった」ことである。企業と社員の関係において、社員が物理的に会社に来なくなったために、会社に対して遠心力が働き、社員と物理的に距離が離れてしまった。その中でいかにチームとしての生産性を高め、業績向上につなげるか、という点において、経営・マネジメントはこれまでに体験したことのない困難に直面し、日々正解のない中での試行錯誤を強いられた。

もうひとつは、「社員同士のコミュニケーションが難しくなった」ことである。いわゆる「三密」回避の号令の下、ソーシャルディスタンスの確保が多くの職場においても当たり前となり、会議室にこもって相手と至近距離でコミュニケーションを図ることに、多くのビジネスパーソンが抵抗感やある種の恐怖感を覚えるようになった。一方で、コロナ禍以前には当たり前となっていた職場における何気ない雑談の時間が、リモートワーク・在宅勤務によってほぼ皆無となり、われわれはいかに「ちょっとした雑談」を含め職場で無意識のうちに何気ない様々な情報をインプットしてきたことか、そのありがたみにも改めて気づかされることとなった。

この「社員のマネジメントが難しくなった」ことと「社員同士のコミュニケーションが難しくなったこと」を解決する有効なアプローチとして注目され、ブームとなりいまなお取り組みが拡大しつつあるのが、1on1ミーティング（以下、1on1と表記）である。1on1については後で詳述するが、1on1の中でコアとなるスキルのひとつがコーチングであり、ビジネスコーチングである。

第三者からの客観的なフィードバックを与えられることの重要性

スポーツの世界でもビジネスの世界でも、アスリートやビジネスパーソンが高いパフォーマンスを発揮するうえで重要な観点のひとつが、「客観的なフィードバック」である。

スポーツの世界では、2021年4月にプロゴルファーの松山英樹選手が四大メジャー大会のひとつであるマスターズを初制覇したが、目澤秀憲氏が同選手のコーチについていたことが大きな話題となった。また、陸上競技の男子100メートルにおいて、これまで専属コーチをつけていなかった山縣亮太選手が、2021年2月から慶應義塾大学の高野大樹コーチに師事し、2021年6月に9秒95の日本新記録を樹立したことも話題となった。

なぜ、高いパフォーマンスを発揮するうえで、客観的なフィードバックは必要なのか。一言で言えば、アスリートやビジネスパーソン本人には見えていないが、第三者からははっきりと見えている部分、第三者には気づくことができる部分について、本人にも的確に、かつ、タイムリーに伝えることで、そのアスリートやビジネスパーソンに成長の「伸びしろ」を、説得力をもって伝えることが可能となるからだ。最近は、スマートフォン（スマホ）での録画などによって、アスリート自身も、かつてに比べ格段に容易に自分のフォームや体の使い方の癖を客観的に確認することができるようになってきてはいる。しかし、昨日の動きと今日の動きのちょっとした違いや、感覚的なズレについて、本人のみの力で正確に把握するのは極めて難しい。

ビジネスパーソンにおいても、本人がよかれと思って発言したこと、実行したことが、必ずしも本人の意図した通りに相手や周囲に伝わっていない、相手や周囲によい影響を与えていない、といったことに本人のみの力で気づくことはほぼ不可能だ。

ただし、客観的なフィードバックに関して、スポーツのコーチングとビジネスのコーチングで決定的な違いがひとつある。それは、後者がビジネスパーソン本人の「エゴ」を扱う点だ。「自分の考えは正しい」「自分は正しいから変わりたくない」といったエゴに固執するスタンスは、リーダーがリーダーとして成果を上げるうえでの大きな足かせとなってしまう。このエゴとの向き合い方については後述するが、ビジネスコーチングではそうしたエゴにも焦点を合わせて、コーチング対象者と正対して向き合っていくこととなる。

日本におけるビジネスコーチング市場は、4000億円？

「米国におけるビジネスコーチング市場は約1兆6000億円」と言われているが、ビジネスコーチングの市場規模がある程度GDPの総額に比例すると仮定すると、日本のGDPは米国の約4分の1程度となるため（米国が約21兆ドルに対して日本が約5兆ドル、2021年IMF調査データ）、単純計算で日本におけるビジネスコーチングの市場規模はおよそ4000億円程度ということになる（参考：人材開発市場の中心となる法人研修市場の規模推計は、2019年度5270億円、2020年度4820億円、2021年度〈推計〉5250億円。「2021企業向け研修サービス市場の実態と展望」矢野経済研究所）。日本の大企業で働く人は約1400万人おり、その人たちが1人当たり年間3万円程度をビジネスコーチングに投資すると、およそ4000億円となる。

ビジネスコーチング市場を今後大きく拡大させられるか、縮小させるかは、私自身を含めた業界関係者の努力の質と量にもかかっているが、まだまだ認知度が決して高いとは言えないビジネスコーチングというアプローチをどこまで社会に認知してもらえるか、にもかかっている。

広く社会に認知してもらうためには、そもそもビジネスコーチングとは何か、具体的に何をどのように行うものなのかを、できるだけ分かりやすくお伝えしなければならない。私がかつて在籍していたアクセンチュアをはじめとして、マッキンゼー・アンド・カンパニーやボストンコンサルティンググループ（BCG）などがプレーヤーとして存在するコンサルティング業界も、1990年代初頭にはまだ日本ではほとんど知られていない存在だった。しかし私が社会人になった1990年代後半になるとコンサルティング業界への注目度が一気に高まり、当時はまだ5000億円にも満たない市場だったものが、2020年には国内コンサルティングの市場規模は8500億円を超え、2025年には1兆2551億円と46％増える見通しとなっている（IDC Japan調べ）。スターバックスなどで誰もが手軽においしいコーヒーを飲むことができるのと同じように、誰もが手軽にビジネスコーチングのメソッドに触れることができ、日常のビジネスシーンで簡単に活用してもらえる環境をつくらなくてはならない。

残念なことに、コーチングに対して一部でネガティブなイメージや誤った認識があることも事実だ。例えば、「相手の話をよく聞き（傾聴）、相手に対して質問をし、相手を褒める（承認する）ことがコーチングで、実際にやってみたがほとんど成果にはつながらなかった」というようなケースだ。

もちろん、コーチングに関するこうした理解は完全に間違っているとは言わないが、これはコーチングのプロセスのほんの一部を断片的に切り取っている表現に過ぎない。相手の話を傾聴して、質問して、承認するだけでビジネスの成果につながるのであれば、誰も苦労はしない。ビジネスで真の成果を出すというのはそんなに甘いことではなく、クライアント自身の深い洞察と内省、コーチングを提供する側の豊富な知識・経験と学習、思考と実践が不可欠だ。

そのため、ビジネスコーチングに関する正しい理解と本質をお伝えしていくことも、市場を成長させていくうえでの重要なポイントだと考えている。

個々の潜在能力を引き出し、経済を活性化する

わが国では着実に少子高齢化による人口減少が進んでおり、ピーク時の2006年には1億2000万人以上いた人口が、2050年までには2000万人以上減少して1億人ほどになり、さらに驚くべきことに、2100年には6000万人台にまで落ち込むと予測されている。同じ経済規模を維持しようとすれば、単純計算で2100年を生きる人たちは、100年前の世代の2倍近い生産性を発揮しなければならないこととなる。もちろん、2100年代には1人当たりの生産性が2倍にならなくとも、AIやロボットが順調に機能する状態がつくられていれば、100年前と同じ経済規模を維持できるようになっているのかもしれない。

いずれにせよ、一人ひとりの潜在能力を「潜在」のままにしておくのではなく、各人が持っている強みや特性、持ち味を存分に生かした働き方を実現できていなければ、世界と伍していくこ

とはできない。ビジネスコーチングに求められることは、一人ひとりの力を最大限「引き出す」ことに尽きる。

人間は誰しもが最低ひとつは何かに対する才能を持っていると言われるが、同時に、多くの人がその才能を見出すことなく、十分に発揮できる機会を得られないまま人生を終える。ビジネスコーチングは、人の思考と行動の質を高めることにより、その人のパフォーマンスを最大限に高めるだけでなく、その人の多様な魅力・想い・能力の発揮を支援し、その人らしく生きる支えとなり得るアプローチなのである。

もうひとつ、われわれが直視しなければならない現実がある。1990年から2020年までの30年間、日本人の実質賃金はほぼ横ばいが続いている状況だ（2021年10月16日付「日本経済新聞」朝刊1面ほか）。同じ期間で比較すると、1・5倍近くの成長を遂げた米国に大きく水をあけられてしまった。

わが国の経済政策では常に成長と分配、そして格差是正が論点に挙げられるが、低成長を抜け出せない限りは分配するための原資を確保できないため、低成長を脱却するための取り組みが不可欠だ。収益を十分に上げることができている企業においても、獲得した資金の配分先として人材育成投資が後回しになっている点も課題である。収益に対する人材育成投資比率についても、残念ながらわが国は米国に大差をつけられているのだ（世界的に見ても、日本の人材育成投資比率は著しく低い）。

昨今しきりに言われることは「リスキリング（学び直し）」の必要性や充実だが、このリスキリングの質を高めるためにも「思考の質」は欠かせない。公教育や会社から与えられた課題に対して、何の問題意識も持たずにそれらを「こなす」だけの学びをしている限りにおいては、残念ながら質の高いリスキリングは実現されない。

質の高い学びのためには、「なぜ、いま、学びが必要なのか？」「自分にとって必要な学びとは何か？」「よりよい学びを行うためには、どんな方法が有効なのか？」といった問題意識（問い）を自ら繰り出し、自らに投げかける質の高い「自問自答」が不可欠となる。社会に出るまでの期間で自問自答が不足している人は、社会に出てからも高い付加価値を生む仕事をすることは困難であろう。一方、若いときから自問自答し続けてきた人は、周囲の出来事に対して常に問題意識を持ち、自身の考えを持って行動を起こすことができるため、周囲を巻き込み、周囲をリードし、ひとりでは成し遂げることができない大きな成果を実現することが可能となる。

ビジネスコーチングを学ぶことは、こうした考え抜く力を学ぶことでもあり、考え抜く力を身につけることは、稼ぐ力や生き抜く力につながっていく。ビジネスコーチングの考え方を読者の皆さんの日常生活や日々取り組む仕事の中で活用していただくことで、日々の生産性向上を図り、自己肯定感を高める行動につなげるきっかけにする機会を増やすことができれば、それはとてつもない経済成長の原動力になるにちがいない。

第1章のポイント

- 高速かつ激しい事業環境変化を生き抜くためには「自律」がキーワードであり、ビジネスコーチングは「自律」した人材を育成するのに有効なアプローチである。
- コロナショックにより「マネジメントのあり方」「コミュニケーションの取り方」が大きく変化してきており、1on1などに代表される双方向の対話の場を有効に活用する重要性が人と組織の成長のために不可欠となりつつある。
- どんなに優れたアスリートも、どんなに優れたビジネスパーソンも、本人の力では気づくことができない課題や癖が存在し、客観的視点で第三者から良質なフィードバックを受けることが、本人のさらなる学びや成長に寄与する。
- 高いパフォーマンスを実現する人は、自問自答の質が高い。ビジネスコーチングを学ぶことは、その質を高めることに役立つ。

第1章に関する簡単なワーク（演習）

Q1 なぜ、いま、ビジネスコーチングが必要なのだろうか。その社会的意義とは何だろうか？

Q2 コロナショックは、われわれのマネジメントやコミュニケーションにどんな影響をもたらしただろうか？

Q3 ダイバーシティマネジメントやエンゲージメント経営において、コミュニケーションはどのような意義や役割を持つだろうか？

第2章

ビジネスコーチングとは

2

図表2－1　ビジネスコーチ株式会社のパーパス・ビジョン・ミッション

【パーパス】
一人ひとりの多様な魅力、想い、能力の発揮を支援し、
働く人が幸せを感じられる社会の持続的発展を可能にする

【ビジョン】
一人ひとりにビジネスコーチがついている社会を実現する

【ミッション】
プロフェッショナルチームとテクノロジーの力で、
一人ひとりに最適なビジネスコーチングを提供する

パーパス（Why）とビジョン（Where）とミッション（What）

私が所属するビジネスコーチ株式会社では、ビジョン・ミッションを２０２１年に約8年ぶりに見直した。当初はボードメンバー（役員）のみでディスカッションして決める予定であったが、「役員以外のメンバーにも検討プロセスに関与させてもらえないか」と社員から提案があり、ボードメンバーに加えて、有志の社員メンバー複数にも加わってもらい、数カ月にわたって侃々諤々《かんかんがくがく》の議論が繰り広げられた。長い議論を経て決まったパーパス・ビジョン・ミッションは、図表２－１のような内容となった。

鋭い読者なら、パーパス・ビジョン・ミッションに共通して使われているひとつのフレーズにお気づきかもしれない。「一人ひとり」という文言が、すべてにあえて使われているのだ。

ビジネスコーチングは企業や官公庁といった組織を対象として提供されることが多いが、突き詰めていくと、**組織の構成員である「一人ひとり」にフォーカスを合わせていくアプローチ**であ

る。組織の構成員である個々人が持っている魅力・想い・能力、さらには育ってきた環境が異なるため、もはや一律的な研修プログラムだけでは限界がある。研修プログラムに加えて、個々人のパフォーマンスを最大限引き出すためには、個々の特性が考慮されているという意味での「パーソナライズ」された育成手法が強く求められつつあるのだ。

広義の「コーチング」とは何か

ビジネスコーチングとは何か。ビジネスコーチとは、どのような人を指すのか。この点について正しく把握し理解するためには、より大きな概念から順を追って考えていく必要がある。

ビジネスコーチングとは何かを考えるうえでの前提として最初に理解する必要があるのが、「コーチング」の概念である。多くの方が最もイメージしやすいのは、おそらくスポーツにおけるコーチング、スポーツ選手と伴走するコーチの存在だが、英米では1990年代前半から、日本でも1990年代後半から、スポーツ領域以外のパーソナルな領域やビジネス領域においてもコーチングが急速に広がり始めた。

コーチングの語源は「Coach」、つまり馬車である。馬車は、人をいまいるところから目的地まで運ぶ乗りものだ。コーチングはまさに、相手をいまいるところ（A地点）から目的地（B地点）へと運ぶためのプロセスを指す。対比される言葉にトレーニングがある。トレーニングの語源は「Train」、つまり電車であり、電車は線路（レール）の上を走る乗りものであり、進み方や行き先が決まっている。線路が敷かれていない地点にたどり着くことはできない。コーチングがトレーニングと異なるのは、コーチングはその人が行きたいところ、行くべきところに向かうプロセスである点だ。

コーチングのプロセスは、コミュニケーションを介して行われる。コーチングを実施する側を通常「コーチ」と呼び、コーチングを実施される側を通常「クライアント」と呼ぶ。コーチとクライアントとの間で行われるコミュニケーションの中身を分解すると、コーチがクライアントに対して行う「観察」「承認」「傾聴」「質問」などに分かれるが、その本質は、**クライアントの思考プロセスに「質問」を活用してアクセスし、クライアント自身の内省を促し、内省したことをクライアント自身が言語化し、クライアントの自発的な行動変容を促すことによって、クライアントが得たい成果に近づけていく**ことにある。

では「クライアントの思考プロセスにアクセスする」とは、どういうことだろうか。人間は与えられた約80年から100年程度の一生の間に、何かしらの夢や目標に向かって行動する生きものだが、世の中に生み出されるあらゆる製品やサービス、有形無形の価値は、人々の日々の「行動」の集積によって生み出された産物であるとも言える。そして一人ひとりの「行動」は、意識的であるか無意識的であるかは別にして、個々人の「思考」の影響、言い換えると「自問自答の量と質」の影響、を少なからず受けている。

起きている時間におけるあなた自身の「思考」を例にすると、分かりやすいかもしれない。あなた自身はいまこの本を自宅で読んでいるかもしれないし、近所のカフェでコーヒーを飲みながら読んでいるかもしれない。あるいは仕事に疲れて、気分転換に本書をパラパラとめくっているかもしれない。そして本を読み終えたら、また仕事にとりかかるかもしれないし、家事にとりかからなければならないかもしれないし、家族と出かける予定かもしれない。いずれにせよ、あなたは起きたその瞬間から、その日眠りにつくまで、様々なことに「思考」をめぐらせている。

思考をめぐらせるということは、あなたの頭の中で「問い」が生まれ、「問いに対する答えを出す」という自問自答が繰り返されるということを意味している。朝目が覚めて、「いま何時だろう?」と思い、時計に目を向けたとする。このとき、「いま何時だろう?」と実際にあなたが声に出すかどうかは別にして、あなたの中で行われたことは「自問自答」という「思考」だ。自らに対して「いま何時だろう?」と質問を投げかけ、時計を見て、「いま○時であること」が確認されたことで「自答」が完了する。

仮にこの時間の確認をその日のあなたの自問自答の「1回目」とカウントすると、あなたはその日夜寝るまでに何回自問自答をするかご存じだろうか。諸説あるが、少なくとも1万回以上、多い人は3万回以上自問自答を行っていると言われている（回数にはむろん個人差がある）。

あなた自身の自問自答が1万回であるのか、3万回であるのかは、ここではさほど重要ではない。あなたが起きている時間を約18時間（つまり1日の平均睡眠時間が6時間）と仮定すると、18時間は秒に換算すると6万4800秒のため、少なくとも6秒に1回は「自問自答」が行われている計算になる。自問自答のすべてが意識されているわけではなく、「無意識的」に行われていることもある。そのため、1日1万回以上自問自答していると言われると直感的に多いと感じる人もいるかもしれない。

例えば、「お腹減ったな〜、今日のお昼何食べようかな。そうだな〜、ラーメンにしよう！」といったあなた自身の心の声は、「無意識的」にあなた自身の中で行われた自問自答のひとつだ。いちいち言葉に出さないかもしれないが、あなたの頭の中では確実に自問自答が行われており、「思考」が働いていることとなる。

大事なのは、ここからだ。あなた自身の思考は、時間の経過とともにどの程度変化するのだろうか。例えば、あなたが1日平均1万回自問自答を行うと仮定した場合、「昨日行ったであろう1万回の自問自答」の内容と、「今日行った（あるいは今日行う予定の）1万回の自問自答」の内容と、「明日予定されている1万回の自問自答」の内容が、いったいどのくらい異なるのか。

そう、その答えは、おそらくあなたが予想した通りだ。残念ながら、昨日・今日・明日のあなたの自問自答の内容の大部分は、そんなに大きくは変わらない。昨日目が覚めて「お腹減ったな〜、何食べようかな」と思ったあなたは、今日も明日も同じことを考える可能性が高い。昨日出かける前に「どの服を着ようかな」と思ったあなたは、今日も明日も同じことを考える可能性が高い。あなたの毎日の生活がよほど変化に富み、毎日異なる場所に出かけ、異なる人と出会うような仕事や活動に取り組んでいるのであれば話は別だが、あなたを含めた多くの人は、毎日同じ場所で、同じ顔ぶれの人たちとコミュニケーションを取り、協力し合い、仕事や家事に取り組むこととなるのではないだろうか。

ここでのポイントは、私たちには思考のクセがあり、私たちの自問自答の内容は放っておけば固定化されやすいという点だ。よほど意識しない限りは、私たちは自分が「考えたいこと」を考え、自分が「考えやすいこと」を考える、そうした習性を持っている点だ。思考のクセがあることと自体は悪いことではないが、思考のクセがある限り、自身の思考の範囲や枠から飛び出し、自身の想像を超えた大胆な発想をすることは難しい。

では、どうすれば思考の範囲や枠を越えた大胆な発想が可能となるのか。それが、自問自答と対極にある「対話」という行為だ。ここで「対極」と書いたのは、自問自答は「ひとり」で行う行為であるのに対して、「対話」は「ひとり」では行うことができず、二人以上の存在があってはじめて成り立つ行為であるという意味においてだ。誰しも一度や二度に限らず、人生において「ハッとさせられる質問」や「心にグサッと突き刺さるような質問」を投げかけられた経験があるのではないかと思うが、それらはおそらく自問自答で出てきた質問などではなく、あなた以外の誰かとの間で行われた「対話」を通じて投げかけられた質問だったのではないだろうか。

自問自答では「ハッとさせられる質問」が投げかけられることはないのに、対話ではなぜ、相手が投げかけてきた質問に「ハッ」とさせられるのか。それは、私たち一人ひとりは生まれた地域も異なり、育ってきた環境も異なり、積んできた経験も異なり、持っている知識や能力や思考パターン・価値観も異なるからだ。バックグラウンドが異なる二人以上の間で行われる「言葉の交換」だからこそ、あなたにとって意外で、驚きのある「ハッとさせられる質問」に出会うことができる。そして、その「ハッ」とさせられる質問に対する「あなた自身が導いた答え」の中に新たな気づきや学びがあったりするのだ。だからこそ、自問自答ではない「他者との対話」は、私たちの「思考の質」を高めてくれる。


「結果の質」を高めるためには、「行動の質」を高める必要がある。「行動の質」を高めるためには、「思考の質」を高める必要がある。「クライアントの思考プロセスにアクセスする」ことの本質は、クライアントが思いもつかなかった角度から思考することを促し、「思考の質」を高めることにより、「行動の質」と「結果の質」を高めていくことにある。

コーチングにおいてコーチが行うべきことのひとつが、クライアントに対する「効果的な質問」だ。「質問の技術」については後述するが、クライアントはコーチから投げかけられた「効果的な質問」について自身で考える。そして、クライアント自身で考えたアイデアを言葉に出し

図表2－2　ビジネスコーチング、ビジネスコーチの定義

【ビジネスコーチングとは】
「ビジネスコーチング」とは、**ビジネス目標達成のために、クライアント（人と組織）の行動変容を支援する行為である。**

【ビジネスコーチとは】
「ビジネスコーチ」とは、**「ビジネスコーチング」を提供できる実践知とスキルを有する「人」である。**

てみる。言葉に出したことをクライアント自身の耳で聞いて、「あ、そうすればよりよい成果につながるんだ！」と気づく。

このように、自身の言葉を自身の耳で聞いて気づくことを専門用語で「オートクライン」と呼ぶが、コーチングでは意図的にオートクラインを起こしていくことで、クライアント自身の自発的な行動を促すことを支援していく。

「ビジネスコーチング」と「パーソナルコーチング」

「ビジネスコーチング」とは、ビジネス目標達成のために、クライアント（人と組織）の行動変容を支援する行為である。また、「ビジネスコーチ」とは、「ビジネスコーチング」を提供できる実践知とスキルを有する「人」である（図表2－2）。

ビジネスコーチングは、文字通り「ビジネス」上の目標達成を実現するためのコーチングのアプローチを指すという意味において、いわゆる「パーソナルコーチング」とは一線を画している。パーソナルコーチングは「個人」を対象にしたコーチングで、多くの場合、そこで扱われる

図表2－3　広義のコーチングにおけるパーソナルコーチングとビジネスコーチングの位置づけ

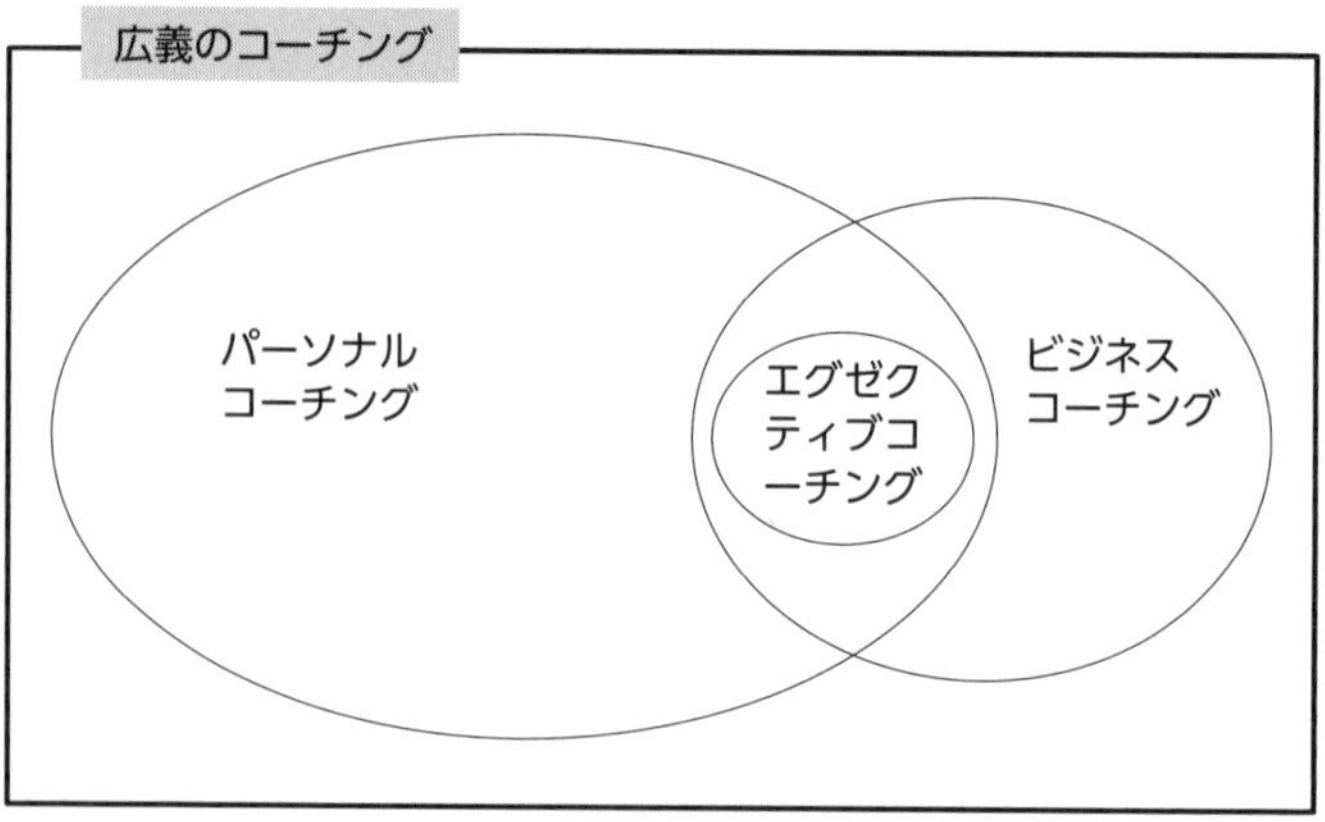

テーマは、「充実した人生を送る」「資格を取得する」「スキルアップを図る」といった個人で完結することができる内容となる。パーソナルコーチングが純粋に「個人」を対象とするのに対して、ビジネスコーチングは「組織における個人」や「組織におけるチーム」を対象として行われるのが一般的だ。

ビジネスコーチングの中には、さらにエグゼクティブ（経営幹部）を対象とした「エグゼクティブコーチング」がその他と区別されて扱われる（図表2－3）。広義のコーチング領域において、パーソナルコーチングとビジネスコーチング以外に、「○○コーチング」と呼ばれる様々なアプローチが存在しているが（例えば、スポーツコーチング等。同様の例で言えば、コンサルティング領域において、経営コンサル、ITコンサルなどが存在しているのと同様である）、本書では割愛する。

エグゼクティブコーチングとは何か

ビジネスコーチングの一部としてエグゼクティブコーチングが位置づけられることは前述の通りであるが、エグゼクティブコーチングは文字通り、その対象が「エグゼクティブ」に限定される。エグゼクティブとは通常、企業においては社長を含む取締役・執行役員などの経営幹部をはじめ、事業部長、本部長、部長クラスまでがその対象として含まれることが多い。

エグゼクティブコーチングの最大の特徴は、エグゼクティブコーチングの目的が、クライアントであるエグゼクティブが**周囲に対して肯定的（ポジティブ）な影響力（インパクト）を与えられるようになるための行動変容支援を行うこと**、この点にある。

エグゼクティブの「周囲」には様々なものが含まれるが、代表的なのは上司・同僚・部下、さらに顧客や株主・取引先といった層が含まれる場合もある。エグゼクティブコーチングでは、クライアント自身が影響を受け、また、影響を与え得るものを総称して「クライアントシステム」と呼び、クライアントシステムの存在を踏まえてコーチングを実施していくことが最大のポイントとなる（クライアントシステムの詳細については第6章で後述する）。

パーソナルコーチングにおいては、基本的にはクライアント本人の中で完結する内容が扱われるが、エグゼクティブコーチングでは、クライアント本人の思考・発言・行動が、周囲に対して

図表2－4　エグゼクティブコーチングの標準的なプロセス

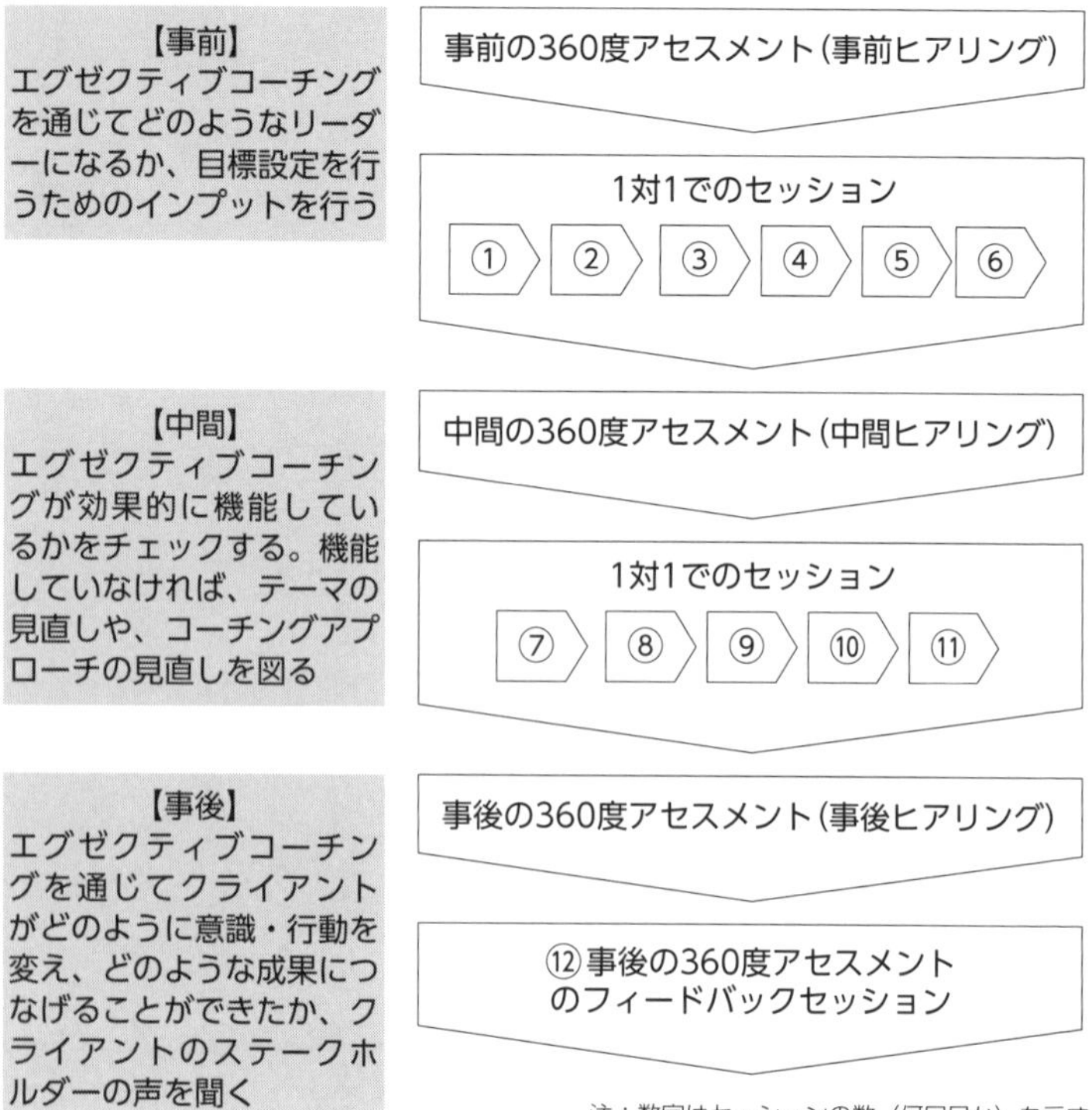
【事前】
エグゼクティブコーチングを通じてどのようなリーダーになるか、目標設定を行うためのインプットを行う
事前の360度アセスメント（事前ヒアリング）
1対1でのセッション
①
②
③
④
⑤
⑥
【中間】
エグゼクティブコーチングが効果的に機能しているかをチェックする。機能していなければ、テーマの見直しや、コーチングアプローチの見直しを図る
中間の360度アセスメント（中間ヒアリング）
1対1でのセッション
⑦
⑧
⑨
⑩
⑪
【事後】
エグゼクティブコーチングを通じてクライアントがどのように意識・行動を変え、どのような成果につなげることができたか、クライアントのステークホルダーの声を聞く
事後の360度アセスメント（事後ヒアリング）
⑫事後の360度アセスメントのフィードバックセッション

注：数字はセッションの数（何回目か）を示す

どのような影響力（インパクト）をもたらしているか、が重要なテーマとなる。例えば、あるエグゼクティブが社員に対して素晴らしいビジョンを語ったものの、残念ながら社員にはそれがうまく伝わらなかった、というケースはよくある話だが、エグゼクティブが行動に移したことと、その行動が周囲にもたらした影響とを一致させていくためのプロセスであるとも言える。エグゼクティブコーチングの標準的な

プロセスにおいて、事前・中間・事後の360度アセスメント（ヒアリング）が組み込まれている理由も、「エグゼクティブ本人の自己評価」が大事なのではなく、「エグゼクティブの周囲のステークホルダーに対してどのような影響が及ぼされたか」ということこそが重要だからだ（図表2－4）。

この点がエグゼクティブコーチングの特徴となるのは、エグゼクティブの役割が、事業をつくり、人・組織をつくり、それらをリソースとして社会に対して製品・サービスをクリエイトしていくことであり、エグゼクティブ（経営幹部）本人のプレーヤーとしてのパフォーマンスは、リソースを最大限有効に活用して、いかに質・量ともに優れたアウトプットを生み出していくか、という点にこそあるからだ。

コンサルティングとの違い

コーチングやビジネスコーチングを理解するうえで、頻繁に比較対象として挙げられるアプローチのひとつがコンサルティングだ（図表2－5）。コンサルティングとコーチングの最大の違いは、コンサルティングはコンサルタント本人がクライアントの課題解決のためのソリューションを考え、提供するのに対して、コーチングは、クライアントの課題解決をクライアント自身で行えるよう支援することにある。

図表2−5　コーチングとコンサルティングの違い

	コーチング	コンサルティング
①目的	クライアントの「気づき」と「行動変容」	クライアントの組織の課題解決（経営戦略やITの活用）
②対象	個人または組織における個人やチーム	組織やチーム
③方法	対話を中心とした**クライアント自らの課題解決の支援**	専門知識に基づく**コンサルタント主導の課題解決**
④アプローチとポイント	コーチがクライアントから**「引き出す」**アプローチ（原則として、専門的な情報提供は行わない）	コンサルタントがクライアントに対して専門的な情報提供を行い、**「診断」「処方」**するアプローチ

例えば、業務の生産性を2倍にしたいと考えるクライアントについて考えてみよう。コンサルティングでは、ＩＴ（最近ではＤＸ〈デジタルトランスフォーメーション〉等）の有効活用を提案し、コスト削減のためのあるべき業務プロセスをコンサルタント自身が描き、クライアントに対して提示する、といったアプローチになる。

一方、コーチングはそのクライアントに対して、まず「問いかける」ことから始まる。例えば「業務の生産性を2倍にするうえで、最も重要な課題は何だと思いますか？」という質問がそうだ。あるいは、「そもそもあなたが考える『生産性』とはどんな意味ですか？」という質問が投げかけられることもあるかもしれない。そして、これらの質問を投げかけられたクライアントによっては、時間管理（タイムマネジメント）が重要だと考えるかもしれないし、あるいは、業務知識の習得やスキルアップの向上を図ることがカギだと考えるかもしれない。

　私が経営に携わるビジネスコーチ株式会社では長年、スクールを企画・運営し、組織内でコーチングスキルを活用できる人材育成支援を行ったり、プロのエグゼクティブコーチの育成支援を行ったりしてきたが、最も陥りがちなケースは、コーチングとコンサルティングを混同してしまい、本来コーチングのアプローチが求められているシーンにおいて、コンサルティングのアプローチが取られてしまうケースである。特に、長年企業の中で要職に就いてきた、いわゆる「デキるビジネスパーソン」ほど、コンサルティングのアプローチが前面に出てしまいがちになる。

　それは、経営者や経営幹部という役割により、組織のメンバーに対してビジョンや方向性を示し、それを達成するためのプロセスを発信していくことに慣れすぎてしまっていることに起因している。どうすればよりよい成果を上げることができるのか、その答えを持っている自信満々の経営者や経営幹部は、どうしてもそれをメンバーに伝えたくなってしまう。悪く言えば、メンバーに押し付けてしまう。

　しかし、何が正解かが見えにくい超VUCAの世界において、このスタイルは致命的だ。環境変化に合わせてしなやかに柔軟に経営方針や事業運営方針を変えていくうえで最も重要なのは、「現場で何が起きているか？」を摑むことである。そこが摑めていなければ、どれほどこれまで成功してきた組織でも、今後の成功は保証されなくなってきている。コンサルティングのアプローチ自体に問題があるわけではなく、シチュエーションに応じて、コンサルティングとコーチングのスタイルを効果的にかつ柔軟に使い分けられることこそが求められてきているのだ。

クライアントの成果を実現する行為としてのビジネスコーチングの実施において、コーチング的アプローチとコンサルティング的アプローチを、相手によって、課題状況によって、適切に使い分けられることが期待されている。

カウンセリングおよびメンタリングとの違い

コーチングとの比較対象となりやすい、カウンセリングおよびメンタリングとの違いについても明確に整理しておきたい。

カウンセリングは、クライアントが困っていることや悩んでいることを専門家との対話を通して解決または「自己受容・自己変容」していくことを目指す。主に心理の専門家がクライアントや患者の話を傾聴したり受容したりしながら、クライアントや患者の心情や状況への理解に努めることを通じて、主体的に問題の解決を行えるようにサポートしていく。クライアントの「心情」「気持ち」に寄り添うアプローチであることから、主に現在および過去にフォーカスが合わせられていく。

それに対して、コーチングは、クライアントの話を傾聴する点においてはカウンセリングと同様であるが、フォーカスを合わせるのは、現在および未来となる。それは、コーチングが過去と現在の状況を踏まえて、クライアントがどのような行動（行動変容）を実践していくかという点こそが実施の目的となっているためだ。

また、メンタリングについては、メンターと呼ばれる指導者・助言者は多くの場合において、経験豊かな成熟した年長者であることが多く、メンティ（＝メンタリングを受ける側）に対してメンターが、ロールモデルとして自身のキャリア・考え方等を伝えることでメンティの成長を支援する仕組みを指すことが多い。コーチングが相手から「引き出す」ことにウエイトを置くのに対して、メンタリングは、メンターの知見を「伝える」ことにウエイトが置かれる。

さらに、コーチングは直属の上司・部下の間でも実施されることがあるが、メンタリングは多くの場合、直属ではなく、異なるラインのペアでクロス（ななめ）の関係にある上司・部下の間で実践される。例えば、「いま所属している部署から別の部署に異動したい」といった要望は直属の上司には非常に話しづらい内容だが、中立的な立場で関わってくれるメンターに対しては安心して相談することができる、といったケースも決して少なくない。

1on1ミーティングとの関連性

コーチングを理解するうえでぜひとも押さえておきたい取り組みのひとつが、1on1ミーティング（以下、1on1と表記）だ。近年急速に注目度が高まってきている。2019年5月18日のNHKの「ニュース7」にて、パナソニック社での1on1の取り組みが紹介されたことは、大きな話題となった。

1on1は働き方改革関連法が成立する前後から徐々に注目され始めた企業内の取り組みではあったが、2020年のはじめに世界を襲ったコロナショックが、期せずして企業における1on1の導入をさらに加速させるきっかけとなった。それは、コロナショックにより、ソーシャルディスタンスの必要性・重要性が繰り返し伝えられ、多くの会社がリモートワーク・在宅勤務を余儀なくされる事態となったからである。リモートワーク・在宅勤務を強いられて企業がすぐに直面したのが、物理的に離れた環境にいる社員のマネジメントの難しさであり、社員同士のコミュニケーション機会の確保の難しさだった。コロナショック前から注目されていた1on1は、Zoomなどのweb会議システムを活用すれば、リモートワーク・在宅勤務の環境にも影響を受けない職場におけるコミュニケーションのプラットフォームとして注目を浴びることとなったのだ。

1on1は、文字通り上司と部下が1対1で行う対話だが、通常はコーチング・ティーチング・フィードバックを組み合わせて行う。相手や状況に合わせて、コーチングを行うこともあれば、ティーチングを行うこともある。

ティーチングとフィードバックは、職場における日常の上司・部下の関係性等において実施する必然性があることから業務を通じて自然と身につき実践できる。そのため、特別なトレーニングなどを受けなくても比較的問題なく実践できる。しかしながら、コーチングは、知識をつけるとともにある程度のトレーニングを受けないと、実践することは難しい。

組織においては様々な定例のコミュニケーション（代表的なものが会議体）の場が設定されるが、1on1というのは、週次ミーティングや役員会議といった会議体と同様に、組織におけるコミュニケーションの「場」のひとつを指している。その「場」の中で用いられるアプローチには、ブレーンストーミング、情報共有、報告・連絡・相談など様々あるが、コーチングはそのアプローチのひとつであり、1on1における中核をなすスキル・メソッドとなる。

なお、1on1に関する書籍もすでにたくさん刊行されているが、その本質について具体例を織り交ぜながら非常に分かりやすく書かれたものに、プロのビジネスコーチである本田賢広さんの著書『実践！ 1on1ミーティング』（日本経済新聞出版）がある。1on1を職場で効果的に実践したい方は、ぜひ手に取っていただきたい。

第2章のポイント

- 「ビジネスコーチング」とは、ビジネス目標達成のために、クライアント（人と組織）の行動変容を支援する行為である。
- 「ビジネスコーチ」とは、「ビジネスコーチング」を提供できる実践知とスキルを有する

「人」である。
●「パーソナルコーチング」は「個人」を対象として、「豊かな人生を送る」といった個人のテーマを扱うのに対して、ビジネスコーチングは「組織における個人」や「組織におけるチーム」を対象として、ビジネス目標達成に関するテーマを扱う。
●「コンサルティング」はコンサルタント本人がクライアントの課題解決のためのソリューションを考え、提供するのに対して、コーチングは、クライアントの課題解決をクライアント自身で行えるよう支援する。

第2章に関する簡単なワーク（演習）

Q1 「コンサルティング」と「ビジネスコーチング」が提供する価値の違いは何か？クライアントが「コンサルティング」と「ビジネスコーチング」を使い分けるポイントは何だろうか？

Q2 1on1とコーチングはどのような関係にあるだろうか？

THE COMPLETE BIBLE OF BUSINESS COACHING

第3章

ビジネスコーチに求められる条件

3

ビジネスコーチは、何をコーチする人なのか？

一般的に、コーチングに関して持たれているイメージは「観察・承認・傾聴・質問」などのコミュニケーションスキルを活用して、クライアントに関わり、目標達成を支援していくというものだと思う。ただ、実際には、それだけではクライアントの成果を支援することは難しい。上記のスキルに加えて、ビジネスコーチ自身の人間性、高い倫理観、ビジネスセンス、ビジネス経験といった要素も必要となる。この章では、ビジネスコーチングを供給する主体である「ビジネスコーチ」とはどのような人であり、どのような条件を有している必要があるかについて考えていきたい。

まず、最初に読者の皆さんと考えたい問いは、「ビジネスコーチは、何をコーチする人なのか？」だ。通常、クライアントがビジネスコーチに期待し、ビジネスコーチングを発注するのは、次のような成果を期待していることが背景にある。

- ◆最終的な業績（売上や利益）目標の達成
- ◆風通しのよい組織風土づくり（例えば、エンゲージメントの高い組織づくり）
- ◆経営幹部の行動変容（エグゼクティブコーチング）
- ◆管理職の行動変容（ビジネスコーチング）

◆管理職のリーダーシップ・マネジメント強化のためのスキル向上（研修・ビジネスコーチング）
◆経営幹部・管理職同士の対話をベースにした次のアクションの明確化（ワークショップにおけるファシリテーションやグループコーチング）
◆新入社員や内定者に対するフォローアップ（研修・ビジネスコーチング）
◆組織の診断・研修やコーチングの効果測定（各種アセスメント）

いずれも最終的には業績（売上や利益）目標の達成や、よりよい組織（例えば、エンゲージメントの高い組織づくり等）を目的としているが、共通するのは、「人」と「組織」が対象となっており、かつ、「行動変容」にフォーカスしている点である。

エグゼクティブコーチの世界的第一人者であるマーシャル・ゴールドスミスは、次のように述べている。

経営者が変われば、社員は変わり、会社は変わる

「組織の上の方にいる人は優れた手腕を持っています。例えば、CFO（最高財務責任者）でありながら、計算ができない、バランスシートが読めない、資金を慎重に扱う術を知らないなどということはありえません。だから、行動に関する問題が重要になります。

ところが、組織の上に行けばいくほど、行動を変化させることが難しくなってくる傾向があります。今までやってきた行動スタイルで充分うまくいくと思っています。私の経験からすると、これは必ずしも正しいとは言えません。自分の立場に応じて、どうやったら自己変革し続けられるかを知ることは、とても重要なことです」

（出典：ビジネスコーチ株式会社「エグゼクティブコーチプログラムテキスト」より）

右のマーシャルの言葉は、ビジネスコーチングやエグゼクティブコーチングの役割を実に簡潔な言葉で表している。冒頭の「ビジネスコーチは、何をコーチする人なのか？」という問いに対するひとつの答えは、「ビジネス目標の達成を目指すクライアントの『思考』と『行動』に焦点を合わせたコーチをする人」となる。より正確に言えば、「高い成果につなげるために『思考』と『行動』をよりよく『変容』させるための支援をする人」となる。

ビジネスコーチに求められる「選ばれる条件」とは何か？

医師や弁護士などとは異なり、ビジネスコーチは国家資格などが存在しているわけではない。そのため、様々な任意団体が資格制度をつくって、当該任意団体が設けた資格条件をクリアした人をコーチあるいはビジネスコーチとして認定しているのが実情である。

その意味において、マッキンゼーやアクセンチュアなどのコンサルティングファームがそれぞれ独自の採用基準でコンサルタントを採用・育成しているが、ビジネスコーチの採用・育成もそれに近い。コンサルティングファームにおけるコンサルタントと、コーチングファームにおけるビジネスコーチで大きく異なる点があるとすれば、前者が「チーム」で対応する事案が多いのに対して、後者は「個」の力がより重要となる点である。

これはどういうことか。私自身もコンサルティングファーム勤務を経て、ビジネスコーチとしての活動を開始した経験から両者の違いを体感するひとりであるが、戦略コンサルにしろ、ＩＴコンサルにしろ、いわゆるコンサルティングファームが手がける案件には、コンサルタント個人、ひとりの力で対応できるものがほぼない。通常は大人数でのプロジェクトが組まれ、そこにディレクター（またはパートナー）、マネジャー、コンサルタント、アナリストなどプロジェクトの目的に応じて専門知識や専門スキルを持った最適なコンサルタントがアサイン（配属）される形を取る。

一方、コーチングファームが手がける案件は、例えば経営幹部へのエグゼクティブコーチングの場合、対象となる経営幹部の人数にもよるのだが、複数のコーチがアサインされるところまではコンサルティングファームと同じである。しかし、最終的にクライアントに関わる場面（つまり、コーチングセッション）においては、あくまでもクライアント個人対コーチ個人の対話が中心となって進められていく。これは、ビジネスコーチングのスキル研修などの場面においても同

図表3－1　ビジネスコーチに求められる条件

条件①	誠実な人柄・人格と高い倫理観を持った人間性
条件②	ビジネスコーチングの基本スキル・学習能力
条件③	ビジネスに関する基本的理解
条件④	クライアントへのフォーカス
条件⑤	クライアントに対する中立性（ニュートラルさ）

様である。通常は1回の研修において、登壇する研修講師が1名アサインされ、その講師が20～30名の受講者に対してスキルを教えたり、受講者の意見を引き出すファシリテーターの役割を担ったりすることとなる。

そのため、コーチングの現場においては、コンサルタント以上にコーチ個人としての力量が問われることとなる。優れたビジネスコーチに求められるのは、図表3－1に掲げる5つの条件を満たすことである。

なお、ビジネスコーチに限らず、コンサルタント、弁護士、会計士、医師、ファイナンシャルプランナー（FP）などいわゆるクライアントを持つプロフェッショナル職は様々であるが、そうしたプロフェッショナルに求められる条件について書かれた名著『選ばれるプロフェッショナル』（ジャグディシュ・N・シース、アンドリュー・ソーベル著、羽物俊樹訳、英治出版）もぜひ参考にしていただきたい。

条件①　誠実な人柄・人格と高い倫理観を持った人間性

誠実な人柄・人格と高い倫理観を持った人間性は、ビジネスコーチに限らず、多くのプロフェッショナル職に求められる必要条件かもしれないが、ビジネスコーチにおいてはことさら高い水準を求められる理由がある。それは、ビジネスコーチが扱う対象がクライアントの思考や行動であるからだ。企業経営者をはじめ、日々緊張感を強いられながら厳しい事業環境で戦っているビジネスパーソンの思考や行動変容を促すことによって、クライアントのパフォーマンス向上につなげること自体を生業としている以上、そうした支援の供給者であるビジネスコーチ自身の思考や行動の水準の高さが要求されるのは当然と言える。

ひとつの案件において、複数のコーチ候補から担当コーチを選定する場合があるが（通常クライアントとコーチの相性を見極めることで選定されることから、「化学反応」を見るという意味合いでケミストリーミーティングと呼ばれている）、クライアントが、目の前にいるビジネスコーチが自分につくコーチとして適任であるか否かを見極めるための最初の判断基準がこの点だ。「誠実さ」というのは、ニュアンスとしてはクライアント本人の成果の実現のために精一杯尽力してくれる「真摯さ」に近い。ビジネスコーチング自体が対価を伴うビジネスとして提供されることを前提としている以上、ビジネスコーチがビジネスコーチングを提供することにより一定の報酬が発生するが、報酬自体が目的ではなく、クライアント自身の成長や成功を心底応援する気持ちを持っているか、クライアント自身の充実した仕事や生活を心から一緒に喜んでくれそうか、実は、多くのクライアントはこの点を見ている。

私が経営に携わるビジネスコーチ株式会社に登録されているコーチ陣（パートナー）で、いつもコンスタントに幅広い業種のクライアント企業から「選ばれる」優れたビジネスコーチ陣は、例外なく、誠実さと真摯さとを兼ね備えている。そして、これらに加えて昨今求められているのが、「高い倫理観」だ。クライアントが、利益を出すために法を犯してしまったり（例えば、「下請けいじめ」行為など）、社会通念に反する行動（例えば、特定の人に対する差別的発言など）を取ってしまったりした際に、その場でクライアントに忖度することなく問題を指摘・フィードバックする勇気が求められる。

ただ、ビジネスコーチとクライアントは、コーチングサービスの提供という観点からは、供給者と受給者という関係ではあるが、契約の観点からはクライアントが常に発注者であり、ビジネスコーチは依頼や注文を受ける受注者となる。ビジネスコーチがクライアントにとって「耳が痛い」ことを率直に伝えてしまうことによって、クライアントの感情を大きく害し、最悪の場合はその時点で契約終了となるリスクがある。

ここにビジネスコーチとクライアントとの距離の取り方の難しさがあり、ビジネスコーチが「ニュートラル」にクライアントに対して接することの重要性が生じてくる。「ニュートラル」は極めて曖昧かつ抽象度の高い言葉ではあるが、たとえビジネスコーチングの契約がそこで打ち切りになるリスクがあったとしても、クライアントに伝えるべきことをきちんと伝える勇気を持つ、ということは、言葉にするのは簡単だが、実際は決して容易にできることではない。

条件②　ビジネスコーチングの基本スキル・学習能力

「名選手、必ずしも名監督にあらず」という言葉があるが、いわゆる一流の経営者だからといって、必ずしも質の高いビジネスコーチングを提供できるわけではない。むしろ、コーチ自身のなかに強すぎる過去の成功体験があることは、質の高いビジネスコーチングを提供するうえでの足かせになるリスクがある。それは、ビジネスコーチングが、クライアントの能力や可能性を「引き出す」ことに焦点を合わせていくアプローチを取るからだ。

ビジネスコーチの役割は、ビジネスコーチが持っている成功哲学をクライアントに教授することでも押し付けることでも、豊富な経験談を一方的に伝えることでもない。最終的には、クライアント自身が、ビジネスコーチの存在がなくなったとしても、自ら問いかけ、自ら答えを見つけ出し、自ら行動に着手できる、そんな状況を実現していくことにある。

ビジネスコーチングの基本スキルについては後述するが、なかでも代表的であり、重要なもののひとつは、「質問するスキル」だ。良質な質問がクライアントの深い思考と内省を促し、クライアント自身が独力で答えにたどり着くことで、いかにクライアントの内発的動機付けにつながり、自発的行動と成果につながるのか。こうしたビジネスコーチングが機能する仕組みに対する理解が欠かせない。

また、パソコンのＯＳ（オペレーティングシステム）が時代とともにアップデートされるのと同様に（例えば、ウィンドウズ95を基点としても8回以上バージョンアップされ、本書刊行の２０２２年時点ではウィンドウズ11となっている）、ビジネスを取り巻く事業環境も日々進化し続けていることから、ビジネスコーチ自身が常に最新情報にアクセスし、最新テクノロジーの活用も含めた最新のマネジメント手法やトレンドに対して素早くキャッチアップできる学習能力（ラーニング・アジリティ）も必要となる。

コロナショックをきっかけに、コーチングセッション自体のオンライン化が当たり前となった現在、コーチ側が「Ｗｅｂ会議システムではセッションを行えません」ではコーチングセッション自体が成り立たない時代になっている。特に、エグゼクティブコーチングの場合は、話題が経営に関することからクライアント本人の将来のキャリアに関することまで多岐にわたる。そのため、クライアントの発した言葉を瞬時にその場で整理して、パソコン上のカメラから視線をそらさない状態を維持しつつ、素早くブラインドタッチでパソコンのキーボードを打ち、クライアントの頭の中の課題を言葉に変換して表現してみせたり、図に整理してＷｅｂ会議システム上で「画面共有」してみせたりするといったことも、コーチングセッションの中で期待される新たな価値になってきている。この点における一定水準以上のＩＴリテラシーは、不可欠となっているのだ。

条件③　ビジネスに関する基本的理解

プロスポーツ選手についているプロコーチが当該スポーツのルールを熟知しているのと同様、ビジネスパーソンにつくビジネスコーチにおいても、「ビジネス」に関する基本的理解は必須条件となる。プロスポーツ選手についているプロコーチは、多くの場合、コーチする選手ほど高い実績を有しているわけではないが、当該競技においてハイパフォーマンスを出すための勘所は確実に押さえられていなければならない。ビジネスコーチにおいても同様で、「ビジネス」でよりよい成果を上げるための勘所」を、知識だけではなく、実践を通じて体得していることが求められる。

ここで言う「基本的理解」の意味合いには、多くの要素が含まれる。例えば、売上や営業利益、販管費、経常利益、キャッシュフローといったP／L（損益計算書）やB／S（貸借対照表）に関する頻出用語は、常に企業経営者などのエグゼクティブの頭の中の一定の領域を占有している事項であり、そうした言葉に対する理解がなければ、ビジネスコーチとしてクライアントを成功に導くことはできない。また、多くのエグゼクティブは常に、「事業づくり」と「組織づくり」をいかに少ない投資で効率的にスケール（規模拡大）させるかを考えている。こうしたエグゼクティブの思考回路の基本的な部分が理解できないと、薄っぺらで表面的なコーチングで終わってしまいかねない。

とはいえ、成果につながるビジネスコーチングを提供するうえで公認会計士の資格が必要なわけではないし、MBAホルダーでなければできないわけでもない。必要なのは、事業を0から1へ、1から10へ、10から100へスケールさせていくときに、どのようなポイントに着目し、どの部分にフォーカスしていくべきなのかを、クライアントの置かれた事業環境や条件に基づいて判断できるだけのビジネスに関する基本的理解である。ビジネスコーチングに関する民間の資格取得条件として年齢や一定のビジネス経験が求められるのも、そうした理由があるからだ。

条件④　クライアントへのフォーカス

ビジネスコーチングは、クライアントのビジネスのパフォーマンスを最大限高めることを目的とするが、焦点を合わせる対象が情報システムや業務プロセスではなく、「人」であることから、おおげさに言えば、クライアントの人生と対峙していくことになる。

どんなに優れた経営者も、どんなに優れたビジネスパーソンも、順調なときもあれば、もがき苦しんでいるときもある。目先の霧が晴れずに悶々としているときも、もやもやしているときもある。体調がよく気持ちが前向きのときもあれば、体が重く、気持ちも沈んでしまっているときもある。そうした波があるなかでも、会社の活動や目の前の仕事は、クライアントがいかなる状態にあるかなどには関わりなく進んでいく。人間が論理だけではなく、感情によって物事を判断し、意思決定していくことを頭の片隅に置きながら、ビジネスコーチは目の前のクライアントに向き合い、寄り添っていく必要があるのだ。

クライアントは多くの場合、「曖昧な状況」でどのように振る舞うべきか、について課題感を抱えている。そして、特に管理職の多くは、相反する2つの事柄をどのように両立させるべきか、というアンビバレントな状況に葛藤している。相反する2つの事柄とは例えば、「残業を減らすこと」と「仕事でよりよい成果を上げること」、「仕事を部下に任せること」と「任せた仕事の品質を向上させること」といった事柄だ。ビジネスコーチは、そうしたクライアントの置かれた状況や立場、そこでクライアントが感じている心情に寄り添っていく必要がある。

コロナショックをきっかけに、在宅ワークが当たり前の光景となったいま、仕事と家庭を明確に分けることと自体も非常に難しくなってきた。例えば、パソコン画面に映っているクライアントのエグゼクティブが、これから自宅の自室にてコーチングを受けようとしている場合、わずか数分前までは隣の部屋で幼い子供の相手をしていたかもしれないし、家族と次の休みの計画について話していたが、なかなか決まらずにストレスを抱えた状態のままでいるかもしれない。

クライアントにフォーカスするというのは、いま、この瞬間、目の前にいるクライアントがどんな感情で、どんな問題意識を持ち、コーチングセッションに対してどんな期待をしているのか、について興味を持ち、知ろうとすることだ。クライアントの表情に覇気がないと直感的に感じたら、そのことを気にかける気持ちの余裕が、コーチ側には必要となる。数分前まで家族ともめてしまって落ち着いた感情を持てない様子のクライアントに対して、無神経に「今日はどんなテーマで話したいですか?」と尋ねてくる相手からコーチングを受けたいと思うだろうか。クライアントがコーチングを受ける準備が整っていなければ、そのサポートが必要となる。サポートの内容は、世間話や雑談のときもあれば、クライアントに対する承認のメッセージのときもある。あるいは、くだらないジョークやコーチ自身のちょっとした自己開示が、クライアントの気持ちをほぐしてくれることもある。

条件⑤ クライアントに対する中立性(ニュートラルさ)

エグゼクティブコーチングの担当コーチを決める際に、ケミストリーミーティングといって、実際のクライアントが複数の担当コーチ候補と面談し、どのコーチによるコーチングを受けたいかを決める面談を行うことがある点についてはすでに触れた。私自身も、多くのプロジェクトにおいてコーチ選定のためのケミストリーミーティングに当事者として、または事務局として幾度となく参加してきた。実際に私が経営に携わるビジネスコーチ株式会社のコーチを指名してくれた経営者や経営幹部の方に、あとあとになって、「なぜ他のコーチではなく、弊社のコーチを選んでくれたのか」を尋ねると、上位3つの回答は次の項目だった。

1位　コーチが、上から目線ではなく、ニュートラルに接してくれる
2位　コーチが、「導く」という姿勢ではなく、「引き出す」姿勢で関わってくれる
3位　コーチが、クライアントの希望やニーズに合わせてくれる（オーダーメード）

コーチとクライアントの関係に限らず、相手に対して「ニュートラル」でいるというのは、言葉にするのは簡単だが、実際に適度な距離感を保つことは決して容易ではない。クライアントとの間にある程度の信頼関係が構築されてくると、食事をしたり、ゴルフをしたりと、時間を共にすることで距離感が縮まってくることがある。両者の関係性が親密になりすぎてしまうと、「ニュートラルさ」を保つことはできない。かといって、コーチが一切の自己開示もせず、一切胸襟を開くこともなく、いつまでたっても他人行儀な接し方をしてしまうと、クライアントは、自身のプライベートや仕事における課題や気持ちをコーチに話す気持ちにもなれない。

ここに「ニュートラルさ」を保つ意味がある。コーチがクライアントを導いてやる、といった「上から目線」は、優れたリーダーが最も嫌うスタンスのひとつだ。かといって、「コーチとしてまだまだ未熟な私があなたのお役に立てるのかどうか、甚だ不安で自信がないのですが……」といった過度にへりくだった自信なさげな姿勢では、クライアントに余計な不安を与えることになる。

コーチとクライアントはあくまでも「対等」な関係であり、共にビジネス目標達成やパフォー

マンス向上に向かっていく「戦友」のような関係とも言える。お互いへのリスペクト（敬意）を忘れてはならない。

ビジネスコーチに求められる「事業づくり」「人づくり・組織づくり」への理解

ビジネスコーチが「『ビジネスコーチング』を提供できる実践知とスキルを有する『人』である」という点については、すでに述べた。個人を対象としたパーソナルコーチングでは、コーチが観察・承認・傾聴・質問といったコーチングスキルを活用することで、クライアントの内省を促す。そしてクライアント自身が考えを言葉にすることで気づきをもたらすオートクラインを引き起こし、クライアント自身の自発的行動を促す。パーソナルコーチングと同様に、ビジネスコーチングにおいても観察・承認・傾聴・質問といったコーチングスキルは活用するが、それだけでは、ビジネス目標達成を目指すクライアントを支援することはできない。

私自身がこれまで17年を超える期間にわたって経営に携わってきた経験からも、ビジネスコーチはクライアントがコーチングを受ける大前提として、以下の2つの要素があることを自覚する必要があると考えている。

要素1　事業づくり

要素2　人づくり・組織づくり

「事業づくり」を別の言葉で表現すれば、ビジネスモデルの構築や売上・利益の拡大（事業の規模拡大）、となる。つまり、当該企業およびその企業が運営する事業の存在意義そのものに関する理解が必要であり、かつ、それは期限のないサステナブル（持続的）な取り組みであることが前提となる。

ここで「事業づくり」だけがクライアントのテーマになるとすれば、ビジネスコーチはおそらく不要だ。世の中には優れた専門家やコンサルタントが存在しており、クライアントはそうしたプロフェッショナルの活用だけでこと足りる。

ビジネスコーチの存在意義は、クライアントの事業づくりを前提とした「人づくり・組織づくり」にある。成功している企業経営者の頭の中はほぼ24時間、事業づくりと人づくり・組織づくりのことでいっぱいだ。ビジネスコーチングにおいてよく扱われるテーマの中に、職場におけるコミュニケーション上の課題や、部下育成、部門間連携などが挙げられるが、これらはすべて、人づくり・組織づくりの中のひとつのテーマに過ぎない。別の言い方をすれば、企業活動の両輪が「事業づくり」と「人づくり・組織づくり」であり、この2つの軸をビジネスの成長ステージに合わせていかにバランスさせていくかが企業経営者の大きな関心事であり、経営手腕が問われるところとなる。

経営者や管理職の多くは常に何かしらの課題に直面しており、「曖昧な状況」の中でどのように振る舞うかが問われている。そして、必ずしもすべてが「論理」のみで解決できるものではなく、共に働く人たちへの共感や情を含めた「理解」や「敬意」を示すことが課題解決につながることもある。意思決定の分岐点にきたときに、「AかBか」という単純な二者択一の判断を迫られることよりも、「AもBも選択しなければならないが、AもBも選択してしまうと、周囲にネガティブなインパクトが生じてしまうため、第3の選択肢をひねり出さざるを得ない」状況のほうがよほど多いのがビジネスの現実だ。そうしたことも踏まえて、ビジネスコーチはクライアントに向き合う必要があるのだ。

名経営者＝名ビジネスコーチ、ではない

先にも「名選手、必ずしも名監督にあらず」という言葉を出したが、名経営者であることと、よいビジネスコーチであることはまったく別の話である。

私が経営に携わるビジネスコーチ株式会社では、創業直後からプロのビジネスコーチ、プロのエグゼクティブコーチを育成するプログラムを運営し、これまでに多くのプロコーチを輩出してきた。プログラム開始当初は、エントリー条件として、「企業の経営幹部経験者」であることを求め、実際に多くの企業経営者が門を叩き、プログラムに参加してくれた。なかには、上場企業

で社長や経営幹部を務めた方もいる。

社長や経営幹部としての豊富なマネジメント経験を有していることから、当然優れたビジネスコーチとして活躍いただけることを期待していた。しかし、実際に目の前でコーチングのロールプレイを実施していただくと、驚くべきことに、名ビジネスコーチとはほど遠い、ある致命的欠陥を伴ったコミュニケーションが披露されることもあった。致命的な欠陥とはずばり「相手の話を聴けない」ことだ。過去の自分の経験や成功体験を持ち出し、相手が求めてもいないアドバイスを一方的に（しかもドヤ顔で得意げに！）伝えてしまう。こうした「残念」なケースは、決して少なくなかった。

ビジネスコーチとしてクライアントのパフォーマンスを最大限に引き出すためには、コーチ自身が自らの体験談や経験値をクライアントに押し付けるのではなく、クライアントの問題意識やスキルレベルに合わせた形で適切に動機付けを行い、クライアントの潜在能力を存分に引き出す姿勢が不可欠なのだ。

第3章のポイント

- ビジネスコーチングは、ビジネス目標達成を目指すクライアントの「思考」と「行動」に焦点を合わせる。
- ビジネスコーチの「選ばれる条件」には、人間性、基本スキル・学習能力、ビジネスに関する基本的理解、クライアントへのフォーカス、クライアントに対する中立性、が挙げられる。

- ビジネスコーチングをよりよい成果につなげるためには、「事業づくり」「人づくり・組織づくり」の2軸で考えることが必要である。

第3章に関する簡単なワーク（演習）

Q1 ビジネスコーチに求められるクライアントから「選ばれる条件」とは何だろうか？　また、それはなぜ必要なのだろうか？

Q2 ビジネスコーチングにおいて「事業づくり」と「人づくり・組織づくり」をどのように意識し、ビジネスコーチングに反映していく必要があるだろうか。また両者を分けて考えることの意味は何だろうか？

第4章

ビジネスコーチングの分類

4

対経営者（トップ）に対するビジネスコーチング

対経営者（トップ）に対するビジネスコーチングは通常、エグゼクティブコーチングに分類されるが、代表取締役や社長といった組織の「トップ」に対するそれと、役員（ボードメンバー）に対するそれとでは、ビジネスコーチングの目的や取り上げられるテーマが異なる。

上場企業の社長であれば、取り上げられるテーマは多岐にわたる。株主に対するＩＲ活動から企業業績、自身の後継者育成などのサクセッションプランを含む人づくりや組織づくり、そして、自身の今後のキャリアやプライベートに関することまで、実に様々な話題がコーチングセッションの中で取り上げられる。上場企業の社長の頭の片隅には、常に自社の株価や時価総額、業績があり、優れた社長であればあるほど、自身が将来社長の座を降りた後にも当該企業が持続的に成長できる仕組みづくりの実現に全身全霊を傾ける。

あるいは非上場の創業間もないベンチャー企業の場合などは、会社の借り入れに対して社長自身が個人保証をしているようなケースも少なからずあり、社長の頭の中は常に資金繰りのことでいっぱいだったりする。

エグゼクティブコーチングにおいて、クライアントに影響を与え得るステークホルダー（利害関係者）や各種要素（例えば、人事評価制度や企業理念や組織風土など）を「クライアントシステム」と呼ぶが、一言で言えば、**健全な経営トップはクライアントシステムに対してポジティブな影響力を与えるために日々の活動に邁進している。**自身の後継者を誰にするかといったようなサクセッションプランについての話などは当然、社内の幹部にすら相談できない事項であり、コーチとの間でのみ秘密裏に共有されるといったケースも決して少なくない。どんなに優れた組織のトップであっても、その人ひとりの処理能力の総量は決まっているため、1日24時間をどのように配分していくべきか、といったタイムマネジメントも、経営トップの生産性を高めるためには極めて重要なテーマとなる。

私自身もこれまで複数の上場企業の社長に対するコーチング実施の機会に恵まれてきたが、多くの経営トップは毎日15分や30分刻みの会議に次々臨むようなタフなスケジュールをこなしながら、卓越した成果を上げようとする真摯な姿勢を持続している。その向上心と謙虚な姿勢には、ただただ頭が下がるばかりだ。成長スピードが速く、事業規模が大きければ大きいほど、トップは短時間で多くの意思決定に迫られる。その活動時間のおよそ9割以上が、緊急度と重要度を縦軸横軸とするアイゼンハワーマトリクスの第一象限（つまり、緊急かつ重要な領域）における意思決定であり、そのことに押しつぶされそうになっている。

そのため経営トップは、いったん立ち止まり、自社を継続的にスケール（規模拡大）させていくために本当に重要な仕事は何か、経営トップとして、自身は、本当は何に時間を投入すべきなのか、といった問いが重要な意味を持ってくる。経営トップがビジネスコーチングに期待するのは、多くの場合、コーチが経営トップにとってのよき「壁打ち相手」となることだ。そして、現時点ではもやもやして言語化できていないことや、結論が出せていないことについて、コーチとの対話を通じて言語化し、アウトプットし、それをコーチに聞いてもらうプロセスを経て、自身の考えを次々に整理していくこととなる。

多くの経営トップは、その意思決定に対する評価やアドバイスをコーチに対して求めていない。彼らの専門領域に関するコンサルティングやアドバイスも求めていない。経営トップは、自身の判断・意思決定が正しいかどうかについては、最終的には自分自身で判断し、決断し、実行していかなければならないのだ。多忙であることを言い訳にして安易に思考の深掘りを省略し、表面的な事象のみで判断・意思決定を行ったばかりに、多額の経済的損失につながってしまうといったリスクとも経営者は常に背中合わせとなるため、自問自答だけでなく、他者との対話による言語化、意思決定の質の検証が不可欠となる。

本書の「はじめに」において「行動変容」と「行動変革」という異なる2つの言葉について触れたが、エグゼクティブに対するコーチングは特に、自ら変わろうとする主体的な意思を持って取り組んでもらわなければ（つまり主体性を持った「行動変革」への意欲がなければ）、決して十分な成果にはつながらない。

役員に対するビジネスコーチング

近年は、ある程度の組織規模の企業においても、いわゆるピラミッド型組織ではなく、肩書や役職を廃止し企業における意思決定を分散させる「ホラクラシー組織」も登場してきてはいる。しかし、いまなお多くの組織において、役員にはＣＥＯ（最高経営責任者）や社長といった経営トップが決めた方針を具現化すべく、フォロワーシップの発揮が期待されている組織は少なくない。経営トップがリーダーシップを発揮して組織の方向性を示し、トップを支える役員が効果的にフォロワーシップを発揮して、トップの示す方向性の実現に向けて邁進することになる。

ただ、経営トップのトップダウンが強烈すぎる場合には、役員は、トップが次々に打ち出す施策に翻弄されることもある。一方で、事業環境の急激な変化にもかかわらず、組織を変化に対応させて変革できない場合には、トップのリーダーシップの不足に不平不満を募らせる場合もある。

いずれにしろ、**役員に対するビジネスコーチングで主にフォーカスされることは、一言で言えば「経営チームとしての一体感」**である。高いパフォーマンスを発揮できている組織は、「経営チームが一枚岩になっている」などと言われることがあるが、まさしく役員同士の横連携や信頼関係の有無やその度合い、そして個々の役員の役割分担などが、ビジネスコーチングにおける重要なテーマとして位置づけられる。

管理職（マネジメント職）に対するビジネスコーチング

ひとつの企業におけるビジネスコーチングの対象人数だけで言えば、管理職（マネジメント職）は最も人数規模が大きいレイヤーだ。そして、多くの管理職が抱えるあらゆる課題感が、ビジネスコーチングのテーマになり得る。

例えば、職場におけるコミュニケーション上の課題や、部下育成に関する課題、自身のキャリアアップ、仕事とプライベートの両立、働き方に関する課題感などが、管理職を対象としたビジネスコーチングに際して頻出のテーマとなる。

また、2000年以前は、管理職と言えば、下限でも30代後半以上くらいの年齢層だったが、2020年以降の現代では、20代の管理職なども当たり前に存在している。役職に対して実際に果たせる役割を合わせていくことを「ロールマッチング」と呼び、急成長するベンチャー企業では、往々にして事業の成長に対して組織の成長が追いつかずに、昨日までは部下がひとりもいなかったエンジニアが管理職に昇格すると同時に、いきなり数十名の部下をマネジメントしなければならなくなる、といった事態が起こり得る。

こうした状況を解決するためのいわゆる「ロールマッチングの早期化」を目的としたコーチング機会は、今後さらに増える可能性がある。また1on1導入企業の場合は、管理職が部下に対して定期的に1on1を実施することとなっているため、その質の向上などもビジネスコーチングにおける頻出テーマとなる。

新入社員に対するビジネスコーチング

新入社員および新入社員になる前の内定者に対してコーチをつける場合もある。現在は営業職、エンジニア等の職種別採用も多く取り入れられるようになったため、新入社員といえども即戦力として期待される場面も増えてきているが、従来のように半年程度の社内研修期間を経たのちに職場に配属されるケースがまだまだ大半である。

成長している企業ほど、管理職がプレーイングマネジャーとして自らプレーヤーの役割を兼務しているケースが多く、部下の育成のための時間確保が難しいことから、新入社員の育成についてもアウトソーシングする必要性が生じているのだ。

1対1 VS 1対N（グループコーチング）

ビジネスコーチングは多くの場合、1対1（個）で実施されるが、1対N（複数）で実施されるケースもある。

1対Nで実施されるコーチングの形態は、「グループコーチング」や「システムコーチング」

といった名称で呼ばれるが、重要なことは、実施の形態そのものではなく、クライアントが得たい成果に合わせて、最適なコーチング形態を選択していくことにある。

私自身が担当した大手IT企業A社におけるエグゼクティブコーチングでは、経営幹部50名以上が対象者であったが、それぞれのキャリアに応じて1対1と1対Nでの実施を使い分けるケースがあった。1対Nで実施されるグループコーチングで多く取り上げられる経営課題は、部門間連携や、サイロ化した組織におけるコミュニケーションや情報連携に関するものだ。対立する販売部門と製造部門との間の相互信頼関係の強化や、コミュニケーションの改善によって、営業生産性をさらに高めていく必要がある。

ビジネスコーチングの実施形態は、当該案件の目的だけで決められるわけではなく、クライアントのスケジュールや予算等の諸条件が考慮されるものではあるが、前述のケースにおいては、大きく分けて、以下のような理由で実施方法を分けることとなった。

新任もしくはキャリアの浅い役員 ⬇ 1対1にて実施
ベテランもしくはキャリア豊富な役員 ⬇ 1対N（グループコーチング）にて実施

1対1で実施するメリット

◆個別対応が可能

◆心理的安全性が高い

1対Nで実施するメリット

◆部門間連携など複数当事者が関与する事項についての課題解決に適している
◆当該コーチングセッションのテーマや目的に応じた情報共有や相互フィードバックが可能

コロナ禍で急速に普及しつつあるオンラインコーチング

新型コロナウイルス感染症のパンデミック（世界的大流行）は、コーチングの方法を大きく変える契機となった。以前は、日本におけるコーチングはコーチとクライアントが実際に対面する形式で実施されることも少なくなかったが、コロナ禍においては、感染予防対策として非接触・三密回避が推奨され、コーチングは一気に「リアル対面形式」から「オンライン非接触形式」（Ｗｅｂ会議システムの活用）へと切り替わった。

実は、もともと米国でコーチングが普及し始めた１９９０年代前半は、固定電話を使った音声のみによるものが主流だった。日本と異なり、米国は国土が広大であることから、コーチがクライアントの活動する拠点まで毎回出向いてコーチングセッションを行うことは非常に非効率だったためだ。

「リアル対面形式」の最大のメリットは、コーチとクライアントが同じ空間を共有していることから、コーチがクライアントの表情や声のトーンによって、クライアントの頭の中の考えだけでなく、ちょっとした心身の状態の変化にも気づきやすい点にある。一方、Ｗｅｂ会議システムの性能も年々高まってきてはいるものの、コーチまたはクライアントが使うパソコンのカメラの解像度が低いと、相手の表情や、「顔色が悪い」などの些細な変化に気づくことが極めて困難であることは、容易に想像できるだろう。

コロナ禍によって半ば強制的にコーチングセッションが「オンライン化」を余儀なくされ、Ｗｅｂ会議システムを活用したオンラインコーチングが常態化すると、当初は「リアル対面形式」での実施時と比較してコーチングセッションの質や効果が低下するのではないかという懸念があった。しかしふたを開けてみると、オンラインによる非接触でのコーチングは、実際に「リアル対面」で実施するコーチングセッションに遜色ない形で展開できることが分かってきた。

コーチングセッションのオンライン化の最大のメリットは、コーチングを行う場所からの解放と、コーチングセッションの時間設定に関する自由度が高まった点だ。Ｗｅｂ会議システムが活用できる環境であれば、世界中のどこからでも誰とでも、コーチングセッションの実施が可能となった。また、「リアル対面形式」での実施の場合は、コーチもクライアントも所定の場所にそれぞれが移動しなければならなかったが、「オンライン非接触形式」に切り替わったことで、例えば、クライアント３名に対して連続でコーチングセッションを行うことも容易になった。もちろん、「リアル対面形式」での実施のメリットもあるため、今後のコーチングセッションは、対象や目的に応じて、よりよい形式が使い分けられていくのではないだろうか。

第4章のポイント

- ビジネスコーチングの対象（レイヤー）によって、検討されるコーチングの主要なテーマは異なる。
- 経営トップに対するエグゼクティブコーチングでは、主にクライアントシステム（クライアントの上司・同僚・部下といったステークホルダー等）に対してポジティブな影響（インパクト）を与えることに焦点を合わせることが多い。
- 役員（ボートメンバー）に対するエグゼクティブコーチングでは、主に「経営チームとしての一体感」をつくることに焦点を合わせることが多い。
- 1対1のコーチングでは、主に「個」に焦点が合わせられるのに対して、1対Nのコーチングでは「個人と個人の関係性」に焦点が合わせられるため、クライアントが解決したい課題の内容によって、より適したアプローチが選択される。

第4章に関する簡単なワーク（演習）

Q1 経営トップに対するエグゼクティブコーチングと、役員に対するエグゼクティブコーチングの違いは何だろうか？　また、それぞれに対するコーチングが主に焦点を合わせるテーマや対象は何だろうか？

Q2 1対1で実施するビジネスコーチングと1対Nで実施するビジネスコーチングの違いは何だろうか？　各アプローチのメリットは何だろうか？
あなたがクライアント側の事務局として、1対1のビジネスコーチングと1対Nのビジネスコーチングを目的に応じて使い分けるとすれば、どのようなことに留意するだろうか？

Q3 「リアル対面形式」と「オンライン非接触形式」でのコーチングセッションのメリット・デメリットは何だろうか？　対象や目的に応じて使い分けるとすれば、どのようなことに留意するだろうか？

第5章

ビジネスコーチングの構造

5

ビジネスコーチングにおけるOSとアプリケーション

パソコンやスマートフォンがＯＳ（オペレーティングシステム）とアプリケーションからできているのと同様に、ビジネスコーチングもＯＳに相当する部分と、アプリケーションに相当する部分とに分解することができる。

ＯＳの部分は一言で言えば、「コミュニケーションスキル」であり、アプリケーション部分は「ビジネススキル」だ。ビジネスコーチングが焦点を合わせる対象が人や組織の「思考」と「行動」であり、ビジネス目標の達成に向けた対象者との「対話」を通じて自律的な「行動変容」を促すことを軸にしていることから、まず必要となるのはコミュニケーションスキルとなる。ＩＴコンサルタントや業務コンサルタントと比較すると、より分かりやすいかもしれない。

ＩＴや業務プロセスを変革する際に、ＩＴコンサルタントや業務コンサルタントは、まずあるべき姿を描き、その姿を実現するための手段としてＩＴを導入し、あるべき業務プロセスに合わせて人の配置やオペレーション内容を変更するアプローチを取る。よって、「入れ替える対象」「改革する対象」は、あくまでも「業務プロセス」「情報システム」や「オペレーション」であり、人や組織の「思考」や「行動」そのものを変えることには主眼が置かれていない。もちろん、新しい情報システムの導入によって、当該システムを使って仕事をする人の行動は新システムに合

図表5－1 ビジネスコーチングにおけるOSとアプリケーション

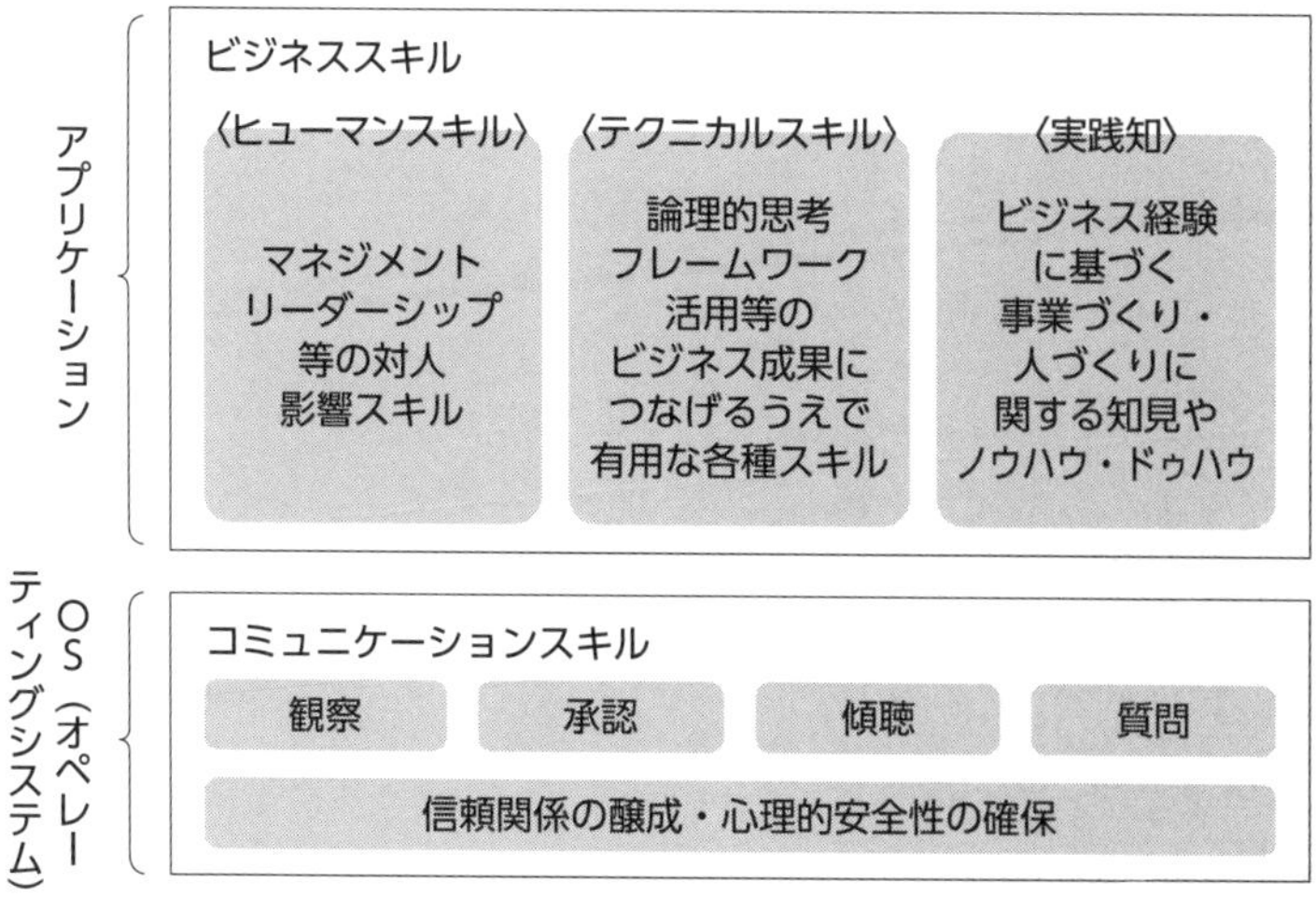

わせた内容に結果として変更されていくが、対象者の思考そのものへの変革を促したり、その結果としての行動変容自体にフォーカスされたりしているわけではない。

「コミュニケーションスキル」の部分はさらに「①観察」「②承認」「③傾聴」「④質問」といった個別のスキルに分解されるが、この順番にも意味がある。

まず、「観察」することで相手を視覚的に捉えることから対話が始まる。次に「○○さん、おはようございます」「おつかれさまです」「ごぶさたしてます」といった「承認」（より正確には、「存在に対する承認〈または存在承認〉」と言うが、この点については第6章において詳述する）によって、相手と安心してコミュニケーションを開始するための前提条件が整うことになる（図表5－1）。

いったんコミュニケーションが開始されたら、それ以降はそのときどきの対話の目的によって「傾聴」「質問」といった一つひとつの行為の順番や内容は異なるが、相手が話していることを「傾聴」することを前提として、相手に対して「質問」が投げかけられ、対話が進んでいくこととなる。テニスや卓球の選手がラケットを使って相手選手とボールをテンポよくラリーしていくのと同じように、対話は、（相手が）話す→（自身が）傾聴する→（自身が相手の考え方を言葉を通じて）受け止める（理解する）→（自身が相手に対して）質問する→（相手が）質問に対して答える、という一つひとつのコミュニケーション行為の連鎖と無限ループが展開されていくこととなる。

この「①観察」「②承認」「③傾聴」「④質問」の順番が守られない場合は、いわゆる一方通行となり、著しく心理的安全性の低い対話となるリスクを抱えることとなる。

例えば、コーチングセッションや1on1の冒頭で、一切の挨拶もないままに、あるいは一切のアイスブレイクも入れずに開始されてしまうような対話がそれだ。パソコンにおけるOSは、1995年にウィンドウズ95が発売されてから、すでに四半世紀以上が経過しているが、いまなお進化を続け、バージョンアップが断続的に行われている。「①観察」「②承認」「③傾聴」「④質問」といったコミュニケーションスキルは、一見すると「不変」のものであり、経年劣化が生じないもののように思われるかもしれないが、決してそうではない。

2021年に刊行されたケイト・マーフィ氏が著した『LISTEN』（篠田真貴子監訳、松丸さとみ訳、日経BP。原題は、You're Not Listening）という本が話題になったが、この本はひたすら「聞く」ことと「聴く」ことについて様々な角度から最新のデータや調査結果を取り上げながら論じている。「聞く」という一見シンプルな行為についても、これまで分からなかったことが近年科学的にデータで裏付けられてきている。例えば、家族や友人など親しい人との間には、「近接コミュニケーション・バイアス」が存在し、思い込みをしやすい傾向にある、といったことも、100年前にはほとんど意識されていなかったのではないだろうか。

また、「質問」についても、相手の人生を左右するような、相手の胸に突き刺さる質問、いわゆる「キラー質問」「破壊的質問」をここぞというタイミングで投げかけられるようになるためには、多くの時間をかけた人生修行が必要であり、質問する側の人生観や生き方、経験の量と質、論理的には説明しきれない感性など多くの要素の蓄積があってはじめて、相手に投げかけることが可能となる。人生の酸いも甘いも経験し、ざらついた苦い砂をかんできたからこそ、相手の心に刺さる質問が投げかけられるようになるのだ。

次に、アプリケーション部分に相当する「ビジネススキル」については、まさに読者の皆さんもスマートフォン（スマホ）に多くのアプリを入れて日常的に目的に応じて使い分けているように、様々なビジネススキルが含まれる。フィードバックや後述するフィードフォワードなども

「ビジネススキル」に含まれる（これらを「コミュニケーションスキル」と捉える解釈ももちろん可能だ）。

例えば、コーチであるあなたが、いま目の前にいるエグゼクティブのクライアントから、「今日のコーチングセッションでは、ビジネスモデルのイノベーションについてコーチ（＝あなた）との対話を通じて、何かしらの気づきを得たい」とリクエストされたら、あなたは頭の中で瞬時にどのようなコーチングプランを立てて、どのような戦略をもってそのエグゼクティブとのコーチングセッションに臨むだろうか。エグゼクティブクラスへのコーチングとなると、もはや単なるコミュニケーションスキルだけではクライアントの思考を十分に深めたり、大きな気づきをもたらしたりすることは難しい。「今日はどんなテーマで話しますか？」「どんな課題を抱えていますか？」といった通り一遍のアプローチではエグゼクティブは決して満足せず、むしろ「なんて退屈なコーチングだ！」と感じてしまい、その瞬間にコーチングセッションを強制終了させられてしまうかもしれない。

コーチ自身に、ビジネスモデルのイノベーションに関してクライアントの視座を上げ、視野を広げ、視点を変えるための基本的な考え方やフレームワークが必要となる。例えば、有名なフレームワークのひとつにＳＷＯＴ（Strength／Weakness／Opportunity／Threat）分析があるが、このフレームワークを使ってビジネスモデルを整理することは、すでに時代遅れになりつつある。ＳＷＯＴ分析は自社の強み、弱み、機会、脅威を４象限のマトリクス上で言語化し、見える化するためのフレームワークだ。

もちろんSWOT分析は、現在でもある程度有効なフレームワークのひとつであるが、こうした分析フレームワーク自体も、時代とともにバージョンアップされてきている。2010年代になると、イノベーションを検討する新たなフレームワークとして、ビジネスモデルキャンバス（BMC）やバリュープロポジションキャンバス（VPC）などが世界的に広く用いられるようになった。あるいは、2020年以降では、チャールズ・A・オライリー氏らが提唱する「両利きの経営」などのアプローチが多くの先進企業において参考にされ、ここで提唱されている既存事業と新規事業の両立のための考え方を下敷きにしてコーチングセッションを展開していくことも非常に有用だ。

こうした**進化し続けるフレームワークを、コーチ自身が必要なタイミングでタイムリーに学び、使いこなすことが求められている。**そのため、ビジネスコーチには常に最新のメソッドやフレームワークについて学び続ける謙虚な姿勢と絶え間ない努力と好奇心が不可欠となる。

なぜ、OSとしてのコミュニケーションスキルが必要なのか

ビジネスコーチングが、クライアントのビジネス目標の達成に向けた行動変容を支援するものであることは、これまでに述べてきた通りだ。

「行動変容」と言葉にするのは簡単だが、実際に相手の行動変容を実現し、リバウンドすることなく維持・継続していくことは実に難しい。いわゆるエグゼクティブから子供まで、あらゆる人の行動を変えることは、一筋縄ではいかないことのほうがはるかに多い。「明日から、あなたの仕事の生産性を2倍にしてください！」「2倍にする方法は、○○と△△です！」「いまから即実行してください！」と言っただけで、人の行動がよりよく変わるのであれば、そもそもマネジメントやコーチングといった考え方や手法自体が必要なくなる。

論理的にあるべき論が語られたとしても、人は必ずしもその通りには行動しない。むしろ、論理だけで一方的に指示されたことに対しては反発しがちだ。取締役、部長などといった役職・地位を利用した、いわゆるポジションパワーを発揮すれば、部下はその通りに動いてくれるわけではない。そうした「権力のリーダーシップ」が特定の対象者に対して一定の効果を発揮することは否定しないが、**人がよりよい行動を取るのは、その行動を取ることの必要性や意味について「心底納得する」ときであり「腹落ちする」ときだ。**人は論理だけで動くのではなく、様々な感情や心の動きが加わってはじめて行動を変容させる。それは、喜怒哀楽といったシンプルな感情として説明できるものもあれば、欲望や他者に対する憧れや嫉妬、虚栄心、プライドや羞恥心といった要素を含むこともある。

そこで、コーチングやビジネスコーチングが行動変容のために戦略的に利用するのが「オートクライン」というメカニズムだ。オートクラインという言葉は、もともと生物学における専門用語で「分泌された物質が、分泌した細胞自身に作用すること」を意味するが、ここから転じて、自身が話した言葉を自分の耳で聞くことによって気づくことを指すようになった。

自分が話すために必要なのは、それを聴いてくれる他人だ。「他人に話を聴いてもらうことによって頭の中の考えが整理された」「自分だけでは決して思いつかないような質問を他人から投げかけられたことで、新しいアイデアを思いついた」。そうした経験は、読者の皆さんも一度や二度はあるかもしれない。いや、これまでの人生経験において何度も何度も数えきれないほどあったに違いない。何気ない雑談の中からアイデアがひらめくこともあると思うが、コーチングやビジネスコーチングでは、このオートクラインを意図的に起こしていく。OSとしてのコミュニケーションスキルが必要となる理由のひとつが、まさにこの点にある。

また、OSとしてのコミュニケーションスキルがコーチに求められるもうひとつの理由は、コーチとクライアントとの間に一定の信頼関係が存在してはじめてコーチングが機能すること、つまり両者の信頼関係が前提となる点だ。

多くのクライアントは、初対面のコーチに対して最初のわずか5分から10分くらいの間に、「このコーチは信頼に足る人物か？」「自分が安心して本音を話してもよい人物か？」といった問いを頭の中でめぐらせ、目の前のコーチに対して少なからぬ警戒感を抱きながらも信用に足るコーチであるかを見定めようとしている。その短時間にクライアントに「安心感」を持ってもらうために最も大事なのは、何よりもコーチの聴く姿勢であり、クライアントに対して興味を示す姿勢であり、クライアントに対して寄り添う姿勢だ。コーチ自身がどんなに輝かしい経歴や実績を持っていたとしても、クライアントの話を聴く前にコーチ自身の経歴やこれまでの実績を一方的に意気揚々と喋りまくるようなコーチからは、クライアントは決して安心感や信頼感を覚えない。

これは、お見合いの場や、営業担当と顧客との初回の商談などの場面でもそのまま当てはまることかもしれない。いずれの場面においても、相手に対して自身がどのような印象を与えているのかを客観的に把握できている必要がある。他者から自身がどのように見えているか、表情や服装も含めてマネジメントしていくことを「印象管理」と呼ぶことがあるが、コーチにはこうしたメタ認知の能力や印象管理のスキルも不可欠となる。

OSを構成する4つのスキル　①「観察」

一般的なコーチングにおいて、必要とされるスキルに「観察」「承認」「傾聴」「質問」があるが、パーソナルコーチングにおいても、ビジネスコーチングにおいても、これら4つのスキルは必要不可欠なものとなっている。

まず、「観察」することから始まるのは、コーチング自体が対象（クライアント）に合わせるオーダーメードな関与を前提としているためだ。相手の目標や相手のスキル、モチベーションの状況に合わせてコーチ自身が最適な形で関与していくためには、まず相手を知る必要がある。「相手を知る」ための理論として最もよく活用されるのが、米国の産業心理学者であるデビット・メリル氏が提唱したソーシャルスタイルという考え方だ。自己主張が強いか弱いか、感情表現が強いか弱いかという2つの軸から、人のコミュニケーションスタイルを4つの象限に分類したものだ。4つの象限とは、「ドライビング（最高の結果を迅速に出したい）」「エクスプレッシブ（周囲に影響を与え、認められたい）」「アナリティカル（筋が通り、完璧なプロセスを大切にしたい）」「エミアブル（周囲と良好な関係を維持していきたい）」を指す。自分と相手のコミュニケーションスタイルを理解することで、相手とのよりよい信頼関係構築に役立てることができる考え方である。

　この理論を特に有効に活用するポイントは、コミュニケーションを図ることが難しいと感じる相手がいた場合だ。その人がどのタイプであるかを理解したうえで、相手が心地よいと感じるコミュニケーションを意識的に図り、反対に、相手が嫌がるコミュニケーションを意識的に回避することができる。

「観察」において見る対象は、視覚を通じて感じ取ることができる相手の表情や外見だけではない。どのような言葉を発するかという聴覚を通じても感じ取ることが必要だ。直接対面でコミュニケーションを図ることに比べ、オンラインでのコミュニケーションにおける「観察」の難度は確実に高くなっている。それだけに、「観察」を通じて、いま目の前にいる対象（クライアント）がどのような感情で、どのような状態でいるか、しっかりアンテナを立てて相手に向き合っていく姿勢が求められている。

OSを構成する4つのスキル　②「承認」

「観察」の次に必要なスキルが「承認」だ。承認には2通りあり、相手がただそこにいるだけで認める行為を「存在承認」あるいは「存在に対する承認」と言い、相手の行為に対して認めることを「行為承認」あるいは「行為に対する承認」と言う。存在承認とは、挨拶をする、変化に気づく、といったことであり、行為承認とは、相手が行ったことに対して「褒める」「感謝する」といったことを指す。

コロナ禍を経験し、物理的に仲間と離れて仕事をすることが日常になった。そんないまだからこそ、言葉を通じて行われる「存在承認」の重要性がより高まっているのではないだろうか。職場で同じ空間で言葉を交わす機会が減ることにより、メールやチャットやSNSを通じてコミュニケーションを図る機会が増えた方も少なくないかもしれない。相手があなたのために何か情報提供をしてくれた場合、多くの人は「ありがとう」という感謝の言葉を自然に返すのではないかと思うが、気の利いた人なら、相手に対して「もうひと手間」をかけて言葉を付け足す。「ありがとうございます。とても助かりました！」とか「ありがとうございます。刺激を受けました！」という言葉だ。これらのフレーズに省略された言葉を補うと「ありがとうございます。（あなたからアイデアをいただいて私は）とても助かりました！」「ありがとうございます。（あなたからアイデアをいただいた私は、あなたのアイデアから）刺激を受けました！」となる。

いずれも「私は」が主語になっており、このようなメッセージの伝え方を「I（アイ）メッセージ」と呼ぶが、こうしたコミュニケーションが日常会話の中でごく自然に行われていくことにより、相手は承認され、自己肯定感が高まっていく。

OSを構成する4つのスキル　③「傾聴」

「承認」の次に必要なスキルは、「傾聴」だ。「聞く」こと自体は、私たちは生まれたときから本能的に行っており、特別なスキルは必要ない。しかし、相手の言うことにしっかり耳を傾け、相手の真意を、相手が言わんとしている本音・本心を、相手の感情を推測し行間を読み取りながら、真剣に前のめりに聴く「傾聴」には、主体的な意識と姿勢が必要となる。

私たちはコミュニケーションを図る際、瞬間的に質問を繰り出しながら、その質問に対する相手の返事を聴く、ということを反復することで情報処理を行っている。そのとき最も陥りがちな**のが、相手の話を「傾聴」するのではなく、「次にどんな価値のあることを自分が話そうか」と**

頭の中で考えながら相手の話を聞こうとしてしまう姿勢だ。私たちは、次に言うべきことを考えながら話さないと相手との対話に必要以上の沈黙が生まれ、気まずい空気が流れてしまう、と思い込んでいるところがある。その気まずい空気になるのを嫌って、間髪を入れずに次の言葉をつなげていこうとする。こうした姿勢が、真の「傾聴」を妨げるのだ。

では、どうすれば真の「傾聴」ができるのか。ひとつの方法は、フィードフォワードのパートで後述するが、「相手が発言している間に次に何を言おうかと考えるのをやめる」ことだ。次に何を言うべきか考えるのをやめると、その分相手の発言にしっかり意識を向けることが可能になる。

OSを構成する4つのスキル　④「質問」

「観察」「承認」「傾聴」によって相手との間に信頼関係が構築できてはじめて、「質問」が機能する。「質問」は大きく2つに分類される。ひとつは、5W1Hで表現される「オープン質問（疑問詞型の質問）」であり、もうひとつは、答えがYESかNOのいずれかとなる「クローズド質問（二者択一型の質問）」だ。

オープン質問は、さらに「限定質問」と「拡大質問」とに分類される。限定質問とは、「Who」「When」「Where」から始まる質問だ。Whoは「誰」ということなので答えが

「人」に関すること、Whenは「いつ」なので答えが「時間」に関すること、Whereは「どこ」なので答えが「場所」に関することに「限定」されるため、「限定質問」と呼ばれる。一方、拡大質問とは、「What」「How」「Why」から始まる質問だ。いずれも答えの形が限定されず、答え方が様々な内容に広がっていくことから「拡大質問」と呼ばれている。

コーチングにおいて重要なことは、オープン質問を意識的に活用することだ。というのは、オープン質問が相手（クライアント）の思考を広げ、新たなアイデアを発見したり、新たな考えに気づいたりするきっかけをつくる質問だからだ。

「観察」「承認」「傾聴」の3つのスキルは、パーソナルコーチングにおいてもビジネスコーチングにおいても実践するうえでのポイントは変わらないが、「質問」については、両者のそれが異なる。ビジネスコーチングにおける質問のポイントについては、次章にて具体的に見ていくこととする。

心理的安全性を担保することが、信頼関係構築と本音の対話の大前提

コミュニケーションスキルが効果的に作用する前提として考慮しなければならないのが、「心理的安全性」だ。心理的安全性は、グーグルによる調査研究プロジェクトである「プロジェクトアリストテレス」によって見出された成功するチームに必要な5つの成功因子のうちのひとつだ

が、5つの成功因子のうち、「心理的安全性の重要性は群を抜いて」おり、「それは4つの土台」であるとされている（『恐れのない組織』〈エイミー・C・エドモンドソン著、野津智子訳、英治出版〉）。

同書の中で、心理的安全性は「率直に発言したり懸念や疑問やアイデアを話したりすることによる対人関係のリスクを、人々が安心して取れる環境のこと」と定義されている。

［5つの因子］

- 心理的安全性
- 相互信頼
- 構造と明確さ
- 仕事の意味
- インパクト

職場における上司・部下との日常の対話においても、ビジネスコーチングの場面におけるコーチとクライアントとの対話においても、両者の関係性において心理的安全性が存在していなければ、どんなに上司やコーチが卓越したコミュニケーションスキルを持っていたとしても、建設的かつ本音での対話を実現することはできない。

ここで、苦手な上司あるいは尊敬できない上司、できることならなるべくコミュニケーションを取りたくない上司をひとり、頭の中で思い浮かべてほしい。あるいは、いま現在の職場でそうした人が思い浮かばなければ、かつてあなたがいた職場の上司でも構わない（もしも、該当する上司がひとりも思いつかない方がいるとすれば、非常に恵まれた環境にいることになる）。あなたはかつて、その上司と話したときに、途中で話を遮られ一方的に上司の考えを押し付けられたかもしれないし、あるいは、自分の考えを正直に伝えたら、ひどく叱責され、怒鳴られ、非常に気分を害したかもしれない。いずれにせよ、そうした嫌なコミュニケーションがあって以来、「もうこの人の前で自分が思ったことや考えたことを本音で話すのはやめよう」と心に決めたような相手がその人だ。

おそらくあなたが頭の中で思い描いた苦手な上司には、仕事上必要最小限のコミュニケーションは取るにしても、腹を割って、本音で胸の内をさらけ出すことは決してないはずだ。たとえ、その上司から「本当のところ、どう思う？」などと聞かれたとしても、何とかそれらしい言葉を慎重に選び、その場を無難にやり過ごすはずだ。本音で話せないのは、一言で言えば、あなたがその人に対して心理的安全性を感じることができないためだ。「この人の前で本音を話しても、否定されるだけだ」「この人の前で腹を割っても、どうせ聞いたふりをされるだけで、真面目に受け止めてもらえない」――そんな思いが、あなたに本音で話すことを思いとどまらせるのだ。

図表5－2　組織の成功循環モデル

グッドサイクル

① お互いに尊重し、一緒に考える（関係の質）
② 気づきがある、面白い（思考の質）
③ 自分で考え、自発的に行動する（行動の質）
④ 成果が得られる（結果の質）
⑤ 信頼関係が高まる（関係の質）

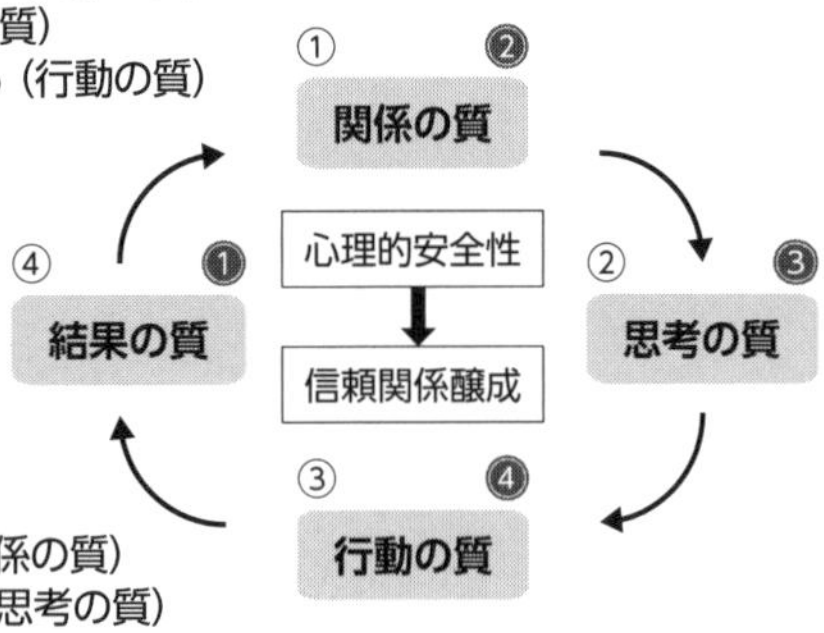

バッドサイクル

❶ 成果が上がらない（結果の質）
❷ 対立、押し付け、命令する（関係の質）
❸ 面白くない、受身で聞くだけ（思考の質）
❹ 自発的・積極的に行動しない（行動の質）
❺ 成果が得られない（結果の質）

マサチューセッツ工科大学　ダニエル・キム教授のモデルに一部加筆修正

成功するチームの土台になるのが心理的安全性だとすれば、上司と部下の対話においても、コーチとクライアントとの対話においても、まずは心理的安全性が担保されるような強い信頼関係づくりと、安心して話せる環境づくりが欠かせない。心理的安全性があってはじめて、相手との間に信頼関係が醸成され、信頼関係が醸成されてはじめて、「観察」「承認」「傾聴」「質問」といったコミュニケーションスキルが効果的に作用する前提が整うことになる。

OSの質を決定する3×3の質（関係の質・思考の質・行動の質）

マサチューセッツ工科大学のダニエル・キム教授が提唱した「組織の成功循環」（図表5－2）モデルにおいて、「関係の質」「思考の質」

図表5－3　OSの質を決定する3×3の質

関係の質	●信頼の質 ●共感の質 ●対話の質
思考の質	●柔軟性の質 ●課題の質 ●判断・意思決定の質
行動の質	●主体性の質 ●スピードの質 ●連携の質

「行動の質」「結果の質」の順番がよりよい組織成果を生むために必要だとされているが、関係の質、思考の質、行動の質は、さらに次のように因数分解することができる（図表5－3）。

関係の質→信頼の質、共感の質、対話の質
思考の質→柔軟性の質、課題の質、判断・意思決定の質
行動の質→主体性の質、スピードの質、連携の質

関係の質における「関係」とは、人間関係や信頼関係における「関係」を意味するが、例えば同じ職場で働くAさんとBさんとの間に解決しがたい過去の「確執」があった場合、どんなに表面的につくろって「共感」のポーズを見せたり、あたかも充実した対話が展開されているように「演技」したりしても、大前提となる「信頼の質」（相互信頼）が極めて低い場合には、AさんとBさんとの間には良好な「関係の質」は構築できていないということになる。コーチングにお

ける対話に限らず、相手との対話の質を高めるためには大前提として信頼関係が不可欠であり、信頼関係を前提とした相手の考えや意見をいったん受け止める「共感の質」が対話を建設的にするための要素として必要となる。信頼の質と共感の質が担保されてはじめて、相手の成長を促す効果的な質問が威力を持つこととなり、それが「対話の質」の向上へとつながっていく。

同様に、思考の質における「思考」とは、文字通り「考える」ことを指しているが、過去10年間で行った思考と同じサイクルで思考を繰り返すだけでは、新たなアイデアもイノベーションのヒントも生まれない。「いままではこのやり方でやってきたが、よりよい成果につなげるために、他にもっとよいアプローチはないだろうか?」「はじめは、相手の意見に賛同しかねる部分があったが、よくよく聞いてみると相手の意見にも見るべきものがありそうだ。ここは、いったん自分の考えや意見にこだわる姿勢は脇に置いて、相手の意見・アイデアを生かす方向で考えてみよう」といった柔軟な思考が必要となる場合もある。「柔軟さ」が備わっていることを前提として必要となるのが、「課題(そのもの)の質」だ。良質な答えを出すためには、前提となる「問い」自体が良質であることが求められる。

例えば、いままでになかった新しいアイデアや考えが反映された新サービスをつくりあげたいと考えているものの、なかなか魅力的なアイデアが思い浮かばずに困っているクライアントが目の前にいたとする。このクライアントに対してあなたは、クライアントに「気づき」をもたらすためにひとつだけ質問してよい、と言われたらどんな質問を投げかけるだろうか。

まず、このケースにおいて「なぜ、新サービスをつくりあげたいと考えているのですか？」といった問いは、残念ながら愚問だ。なぜなら、クライアントにとってその点は自明のことであり、疑問視しているわけでもなく、もっと中長期的な視点に立って考えた場合に、顧客がまだ体験したことがないような感動が得られる新サービス・新たな付加価値をつくり出したいと考えていることが明白だからだ。

では、次の質問はどうだろうか。「あなたが競合他社の新サービス開発担当者の立場だったら、どのようにしてあなたの会社を打ち負かそうとしますか？」。この質問は、あえて自社とは別の観点から考えることを促しており、前者の質問よりも新しい視点をもたらすという意味でインパクトがあり、クライアントの思考の質を高める、もしくは深める可能性が大きい。

行動の質に大きな影響を与える要素のひとつは、その行動が「主体的に行われたものか否か」という点だ。経営陣や上司から示された会社の方針に納得はできていないものの、上が言っているから仕方なく「やらされ感満載」の気持ちを抱えながら渋々取り組む、といった経験は、読者の皆さんにも一度や二度はあるかもしれない。しかし、こうした「主体性」が欠如した行動からは、決して質の高いアウトプットは生まれない。仮に、一時的にそれなりのアウトプットを生み出すことができたとしても、そうしたやらされ感で動かされているうちは、長続きはしない。上司などの第三者から言われて取り組む「外発的動機付け」による行動と、周りから言われなくても自ら進んで高いモチベーションを持って主体的に取り組む「内発的動機付け」に基づく行動とでは、中長期的にはその質において大きな差を生むことになる。

また、環境変化が著しく激しい現代社会において、「スピード」は生命線だ。どんなにその行動が素晴らしくても、実行するタイミングを逸してしまうことで例えばわずかな隙を突いて競合他社に市場を奪われてしまうなどの結果に陥るように、致命傷になりかねない。一度決めたらまず動く「スピード感」ある実行力を発揮できるかどうかも、結果の質に大きく影響する。

連携の質については、最も分かりやすい例として、他部門との連携や、他者や他社との連携による活動が挙げられる。あらゆる産業において、新たな付加価値を生み出していくためには、「自前主義」では限界があり、同業他社のみならず、業界の枠を越えて積極的に異業種とのコラボレーションを実現していくことがブレークスルーにつながるという点についても、徐々に理解が得られるようになってきた。自身や自社の強みがある部分は「自前」で取り組み、足りない部分は当該分野の専門性を持った人材・組織とタイアップして行動の質を高め、クライアントの成果につなげていく連携力が必要になってきている。

第5章のポイント

- ビジネスコーチングは、大きくOS（オペレーティングシステム）部分とアプリケーション部分に分けられる。OS部分は、コミュニケーションスキルであり、アプリケーション部分は、フレームワークなどを使いこなせるビジネススキルやフィードバック・フィードフォワードなどを指す。
- パソコンにおけるOSと同じように、ビジネスコーチングにおけるOS部分に相当するコミュニケーションスキルについても、時間の経過とともに更新（アップデート）が必要となる。OS部分が最新の状態に保たれていないと、どんなに優れたアプリケーション（立派な経営理論など）を持っていたとしても、クライアントへのコーチングが効果的に機能しなくなる。
- OSの質を決定するのは「関係の質」「思考の質」「行動の質」。

第5章に関する簡単なワーク（演習）

Q1 効果的なビジネスコーチングの実施において、なぜコミュニケーションスキルは重要なのだろうか？

Q2 OSとしてのコミュニケーションスキルを常に最新の状態に保つためには、どのような取り組みが効果的だろうか？

Q3 ビジネスコーチングを実施する際に必要不可欠となるクライアントとの「関係の質」を高めるためには、どんなことに留意する必要があるだろうか？

第6章

ビジネスコーチングのアプローチ
——基本スキルとメソッド

6

ビジネスコーチングにおける3つのフェーズ

これまで繰り返し述べてきた通り、組織や組織における個人を対象とするビジネスコーチングは、最終的にはクライアントの得たい成果（例えば、売上や利益といった業績向上）を実現するために行動変容にフォーカスを合わせて支援する取り組みである。

ビジネスコーチングのプロセス全体は、大きく次の3つに分類される（図表6－1）。

フェーズ1：　思考を変える（＝気づく）
フェーズ2：　行動を変える（＝実践する・行動変容する）
フェーズ3：　成果につなげる（＝継続する・定着を図る）

ビジネスコーチングのフェーズは、ダイエットに置き換えて考えると分かりやすい。

まずフェーズ1は、「何のためにダイエットするのか？」というそもそもの目的や動機付けに相当する。いまも昔もダイエット本は一定の周期でよく売れる本のジャンルのひとつであるが、こうした本が売れ続けている背景には、ダイエットがなかなかうまくいかない、あるいはうまくいったとしても、その効果が一時的なものにとどまり、すぐにリバウンドしてしまっている人が相当数存在している現実がある。ダイエットに取り組む多くの人は、ある一時点、ある瞬間のみ

図表6－1　ビジネスコーチングの3つのフェーズ

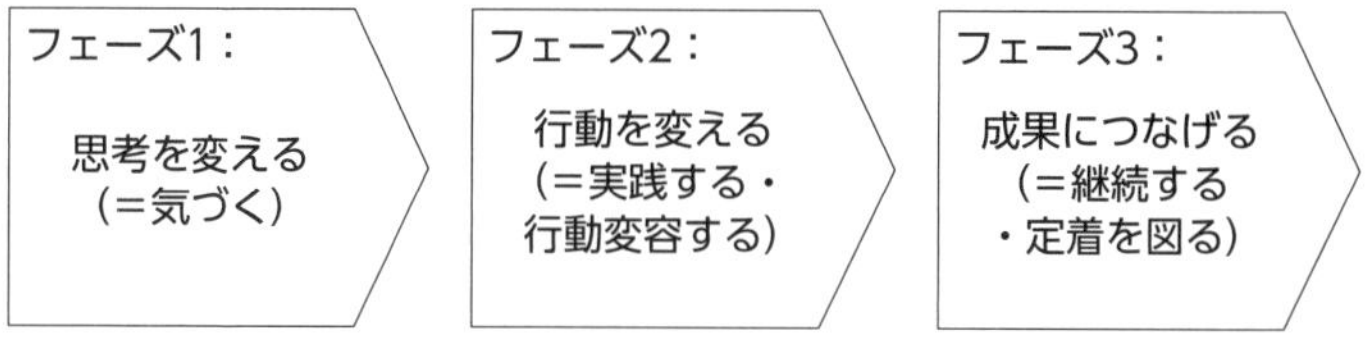

理想の体重を実現できればいいなどとはまったく思っておらず、いったんダイエットに取り組んだら、できることならそのまま減量後の体重や体形をキープすることを希望するはずだ。

例えば、体重80キロの人が10キロの減量を目標にして、半年後に無事にダイエットに成功し、70キロになったとする。多くの人は、この体重を今後長年にわたって維持していきたいと考える。しかも、できれば好きな食べ物を我慢することもなく、好きなお酒を我慢することもなく、ハードすぎるトレーニングを自分に強いることもなく、ごくごく自然体で減量後の体重が維持できればいいと思っている。

いずれにしても、ダイエットという活動の起点になるのは、何のためにダイエットするのか、誰のためにダイエットするのか、という目的や動機だ。ビジネスコーチングも同様で、**何のために行動変容が必要なのか、という点についてクライアント本人が明確に意識できていなければ、最終的に十分な成果につなげることは難しい。**

実際に、パワハラの言動が見受けられる経営幹部に対して、人事部が窓口になり、エグゼクティブコーチをつけることで当該経営幹部の悪癖改善を図りたいといった理由から、エグゼクティブコーチングがスタートするようなケースがある。このとき、たとえ担当するビジネスコーチ（エグゼクティブコーチ）が超一流で超ハイレベルのスキルを持っていたとしても、そもそも当のクライアント本人が「俺のスタイルは今後も変えるつもりはないよ。変わる必要性も感じないし、いままでこのやり方で成果を出してきたんだから！」というような開き直った態度を取っていたとすると、残念ながらこのコーチングはまったく機能せず、期待する成果には到底つながらない。

このような、コーチングが機能しない人のことを「コーチングすることができない」という意味の言葉を使って「アンコーチャブル」な人と呼ぶ。実際にアンコーチャブルな人は一定数存在するが、多くのケースにおいては、なぜ行動変容が必要なのかについて丁寧な対話を図ることで、行動変容に対して前向きに取り組むためのマインドセットを持ってもらうことはできる。

健全なビジネスパーソンであれば誰でも、よりよい商品・サービスを開発し、顧客に対して、社会に対して、いままで以上に貢献していきたいと考えており、そうしたマインドがあることを前提として事業の成長や拡大を目指していく。特に上場企業となれば、株主を中心としたステークホルダーの期待に対してもしっかり応えていく必要性があり、前年度より今年度、今年度より来年度、より多くの価値や利益を生み出すために、組織の成長が求められる。成長企業であれば、前年比で120〜130％程度の成長が毎年期待される。よほど独自性があり、かつ、自動化された卓越したビジネスモデルでもない限りは、人の成長＝組織の成長となるため、人づくりや組織づくりは企業におけるエンドレスな取り組みとして試行錯誤が続けられていくこととなる。

なお、こんな人や組織はないと思うが、「私はよりよく変わる必要はない」「われわれの事業や組織は今後成長する必要はない」と考えるような人には一切の行動変容は不要なものであり、ビジネスコーチングも不要なサービスということになる。

次にフェーズ2は、ダイエットで言えば「定期的に運動する」とか「糖質を減らした食事に変える」といった具体的な実践行動を指す。またフェーズ3は、「毎日体重計に乗る」「毎日体重を記録する」などの継続するための活動や仕組みを指す。

フェーズ1：思考を変える（＝気づく）

ここからは、各フェーズにおいて何に着目して取り組むかについて考えていきたい。

まずフェーズ1では、何のために変わるのか、何のために行動変容に取り組むのか、を考えるところから始まる。以下のように、ビジネスコーチングのアプローチを検討しようとするきっかけは様々だ。

ビジネスコーチングを検討するきっかけの例

◆次期経営幹部候補の育成に取り組みたい
◆経営幹部の悪癖を改善したい
◆旧態依然とした上意下達で意思決定がなされる組織風土を変えてきたい
◆イノベーションが実現されるような自由闊達なコミュニケーションを促進したい
◆自律型人材を増やしたい

人や組織が変わろうとするきっかけは実に多様で、ビジネスコーチングの活用が検討される初期段階では、こうした曖昧な状況からスタートすることが多い。

ここでポイントになるのが、「行動変容」の必要性に対するコーチング対象者本人の理解となる。人や組織がよりよく変わる方法は、何も「行動変容」だけではなく、最先端の情報システムの導入（デジタルトランスフォーメーション〈DX〉もその選択肢のひとつ）を検討したり、業務プロセスを改善したりすることでも、実現が可能だ。**ビジネスコーチングがフォーカスするのは、あくまでも組織の中の「人」であり、人の「思考」と「行動」**であるため、情報システムを変えたり、業務プロセスを変えたりするアプローチではなく、なぜ「思考」を変え、「行動変容」を実現する必要があるのか、という点について、クライアントの理解が求められる。

例えば、先述した例のように、社員からの告発によってパワハラ疑惑をかけられた経営幹部がいたとして、当の本人が今後もパワハラとなり得る言動を変える意思がないとすれば、残念ながら行動変容の必要性は理解されていないこととなる。

多くの人は、個人差はあるにせよ、これまでの行動を変えることに躊躇する。行動を変えるということは、これまでの自身の言動をある意味で否定することになり、そうしたある種の「自己否定」に取り組むことは、意識の面でも肉体的にも精神的にも相当な負荷が本人にのしかかるからだ。

また「行動変容」そのものが目的なわけではなく、真の目的は、人の成長や組織開発を通じた業績向上にあることから、あえて行動変容しないほうがよい場合もある。すでに最適化されているルーティンや行動については、むしろ変えてはいけない場合もあるかもしれない。何を変えて、何を変えないのか、そうした見極めも、真の成果につなげるためには極めて重要なポイントとなる。

フェーズ2：行動を変える（＝実践する・行動変容する）

フェーズ2は、クライアントの行動変容を実現することに主眼が置かれるが、ここで必要なのが、前章で触れたビジネスコーチングにおけるＯＳとしての基本スキルだ。コーチングがいまいるところ（A地点・現在地）から到達したいところ（B地点・目的地）へクライアントを連れていくためのプロセスである点については前述した通りだが、現在地と目的地とのギャップを埋めていくために必要なのが、OSとしてのコミュニケーションスキル（観察・承認・傾聴・質問）である。

コーチングにおける「質問スキル」の重要性はすでに多くの類書で解説されているが、質問スキルの本質は、一言で言えば、**クライアント本人が認識できていない点について考えさせるきっかけとなる質問を、限られた時間でどのくらい繰り出すことができるか**、という点に尽きる。言い換えれば、「（その質問をされて）ドキッとした」とか「（その質問をされて）深く考えさせられた」とクライアント本人に感じてもらえるような鋭い質問を、ビジネスコーチとしてどれくらい意図的に、戦略的に繰り出せるかが大事だ。

なお、具体的にどのような観点で質問をつくり出せばよいかについては、「視座を高め、視野を広げ、視点を変える質問」の項で詳述する。

フェーズ3：成果につなげる（＝継続する・定着を図る）

企業活動にサステナビリティ（持続可能性）が求められるのと同様、行動変容にもサステナビリティが求められる。食事と運動により10キロの減量に成功したとして、その体重を5年後、10

年後も維持することができてはじめて、真の意味でのダイエットが成功したと言えるのであって、瞬間風速的に目標体重を実現したとたん、あっという間にリバウンドして元の体重に戻ってしまった、というのでは、何のためのダイエットだったのかということになる。

行動変容を習慣化（個人）し、定着化（組織）するためには、表面的な取り組みではなく、ダイエットで言う「体質改善」が必要となる。分かりやすく言えば、「太りにくい体質になる（＝筋肉質の体になる）」ということだ。

これを企業や組織に置き換えると、「社員一人ひとりが自律的で、事業環境の変化に柔軟に適応し、学習し続け、社会に対してよりよい価値を提供すべく挑戦し続ける組織」といったところだろうか。つまり、**表面的な行動だけを変えるのでは不十分であり、「体質改善」のためには、行動を生み出すマインドや思考そのものの変革に取り組む必要がある。**

具体的にはどうすればよいか？

この質問に一言で答えられるようであれば、誰も苦労しないわけだが、キーワードは「自律」だ。多くの企業の経営者は、自社の社員がもっと自律型の人材になれば、組織の中でイノベーションが実現され、組織自体が活気づくと考えている。自律の反対語は「他律」であり、上司から指示されて動く、会社の方針が出されてはじめて行動を起こす、といったものはすべて他律である。

体重コントロールだけでなく、健康な体を保つことに成功している人は、豊かな人生を歩み、よい仕事をするためには、体が資本であり、体づくりが重要であることを理解しており、他者から言われなくても自ら運動に、食事の管理に取り組む。**ビジネスで言えば、「自律」するためには、組織の中の個人として、職場や会社を通じて、どのような人生を歩んでいきたいのか、どのようなアウトプットを生み出すことで社会に貢献していきたいのか、といった高い視座と広い視野が不可欠**となる。

世の中で1on1やビジネスコーチングが広く活用されるようになった背景には、多くの企業が人材育成施策として「自律型人材」の育成に本気で取り組まなければ企業として生き残れなくなってきていることに気づき始めているからとも言えるのではないだろうか。

ビジネスコーチングのアプローチ

コーチングが、いまいる現在地（A地点）から行きたい目的地（B地点）に行くための馬車（コーチ）を語源としていることについては、第2章においてすでに述べた（図表6−2）。

ビジネスコーチングにおいては、目的地であるB地点として、様々なビジネス上の目標が設定される。最も分かりやすいのが売上、利益といった数値化・定量化できる目標だ。一方で、社員の行動の自発性や主体性の有無やその度合い、組織風土や組織における風通しの良し悪しといっ

図表6－2　ビジネスコーチングのアプローチ

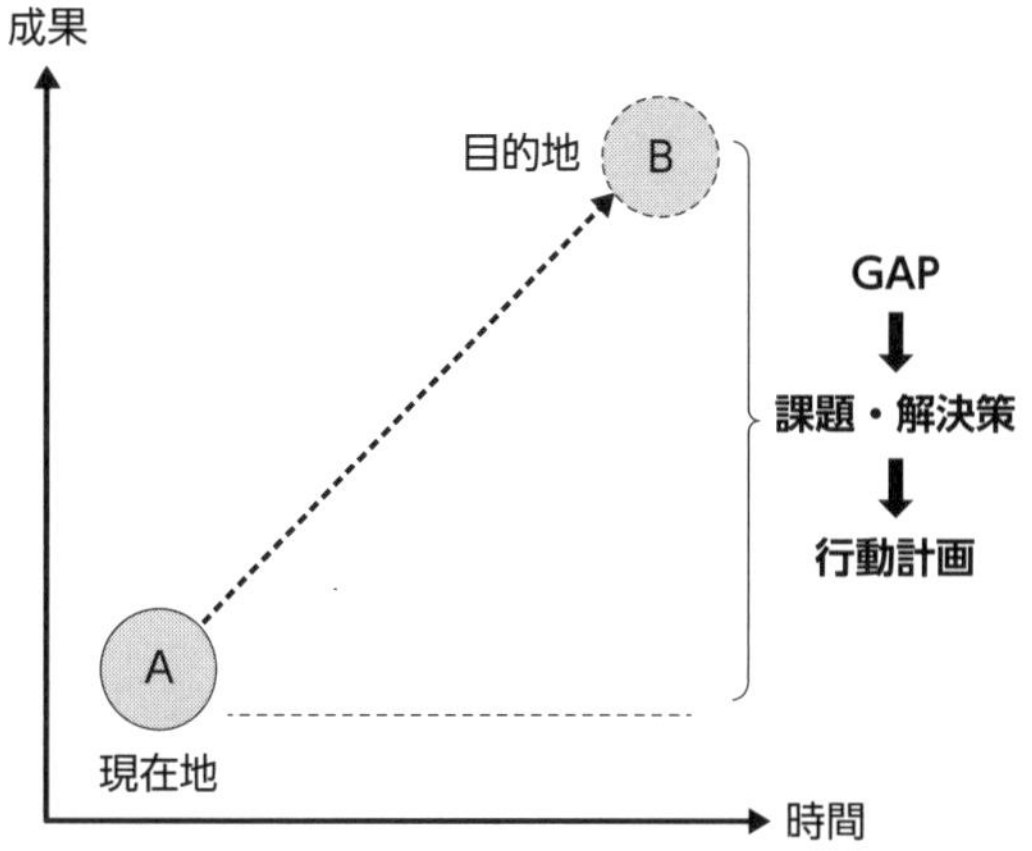

た数値化しにくい定性的な目標が設定されることもある。

いずれにしても、一般的なコーチングにおいて最初に目標設定を行うのと同様、ビジネスコーチングにおいても最初に行うべきは、「あなたはビジネス上のどんな目標を達成したいか？」を明確にするための対話となる。

クライアント自身が常に「ビジネス上の目標」を正しく理解できているとは限らない

例えば、一般的なコーチングでこんな会話がコーチとクライアントAとの間で展開されることがある。

コーチ　「今日は何について話しますか？」

クライアントA　「そうですね〜。今日は最近課題感を持っている部下育成について話したいです」

コーチ「分かりました。では、今日は部下育成をテーマに話していきましょう」

この何気ないやりとりにおける「部下育成」という部分は、ビジネス上の目標と言えるだろうか？　あなたがクライアントAのコーチだとしたら、この後どのようにコーチングセッションを展開していくだろうか？

もちろん、右のコーチングセッションが1回限りのものなのか、今後1年間継続していくことを前提としているのか等によっても、コーチとしての関わり方は大きく変わるかもしれない。しかし、少なくとも前述のコーチとクライアントAとのやりとりにおける「部下育成」は、このクライアントAにとってのビジネス目標とは言えない。

では、このクライアントAにとってのビジネス上の目標を引き出すためには、コーチはどんな質問を投げかければよいのか？　再び、このコーチとクライアントAとのコーチングセッションのやりとりを共有していきながら、読者の皆さんと共に「ビジネス上の目標」の特定について考えていくこととしたい。

コーチ「先ほど『部下育成』というキーワードが出ましたが、Aさんはなぜこれをテーマにしたいのですか？」

クライアントA　「会社の業績も順調に伸びており、やるべき仕事がどんどん増えていることはありがたいのですが、私自身で抱えきれなくなってきていまして……。部下に仕事を振りたい（任せたい）と思ってはいるのですが、私のチームにはまだ経験が少ないジュニアなメンバーが多いので、すぐに任せるわけにもいかなくて……」

コーチ　「なるほど。部下がもっと成長してくれれば、Aさんが部下の皆さんに任せられる仕事も増やすことができる。だから部下育成について考えたい、ということなんですね」

さて、ここまでのやりとりで、クライアントAの「ビジネス上の目標」は見えてきただろうか？

「部下に任せる」というキーワードは出てきたものの、まだ「ビジネス上の目標」には到達していない。引き続き、コーチングセッションのやりとりを見ていくことにしよう。

コーチ　「Aさんは将来、どんなチームをつくりたいと思っているんですか？　業績についてでもいいですし、もっと漠然としたものでも構いません。Aさんの理想のチームのイメージがあれば、教えてもらえますか？」

クライアントA　「理想のチームですか……何ですかね。やっぱりメンバーのみんなが私からの指示を待つのではなく、自分で課題を見つけて、自分で解決策を考えて、自分でどんどん積極的に行動するようなチームになってほしいですかね〜」

コーチ　「つまり自律型人材になってほしいということですね。いつぐらいまでにそういう状態を実現したいですか?」

クライアントA　「それはもう、1日でも早くそうなればいいとは思いますけど、現実的に考えると、そうですね、とりあえず1年後くらいまでにはそういう状態にできればいいですかね」

ここまでのやりとりではどうだろうか?　「ビジネス上の目標」は見えてきたと言えるだろうか?

「1年後」という具体的な時間軸と、「部下に自律型人材になってほしい」という定性的な状態がコーチとクライアントAとの対話によって言語化され、一応、ビジネス上の目標の輪郭が見えてきたようにも思える。しかし、これがクライアントAにとっての「真のビジネス上の目標であるか」は、この段階ではなお不明だ。それは、このクライアントAが、なぜ部下に自律的な人材になってほしいと思っているか、その背景については何も語られておらず、背景にある考え方や意向によって、「真のビジネス上の目標」を別に設定したほうがよいかもしれないからだ。どういうことか。

クライアントAがいま何歳で、どのような立場・役職で仕事をしているのか、なぜ部下育成をテーマとして話したいのかといった点については、ここまであえて一切情報を伏せてきた。しかしながら例えば、クライアントAが定年退職1年前の人物だったとしたら、どうだろうか？ 定年退職（「定年」という概念自体がもはや古い考え方になりつつあるが）までには部下育成を何としてでもやり遂げなければならず、定年退職までの期間が残り10年以上あるいは20年以上も残っているような40代前半、50代前半の上司にとっての部下育成と、クライアントAにとっての部下育成とでは、その「切実さ」の意味・重みがまるで異なってくる。

クライアントがコーチングセッションにおいて達成したいと思っている目標やテーマが、本当にクライアントにとって意味がある目標なのか、といった点について明確にするためには、コーチもクライアントも、よりクライアントの本質的な意思や感情に向き合う必要がある。

また、定年間際というクライアントAが、定年退職後、翌日からその会社を完全に離れるのか、あるいは1～3年程度、嘱託社員などとして非常勤でその会社との関わりが継続していくのかによっても、部下育成に関与できる期間が変わってくる。

クライアント自身も、コーチから質問され、コーチとの対話を通じて、本当に実現したい目標にはじめて気づくことができたり、今日これから始まるコーチングセッションにおいて何をテーマにすべきかを見つけたりすることができるというのは、コーチングセッションにおいてよくあることだ。

大切なことは、コーチもクライアントも、最初にクライアントの口から言葉として出てきた「目標」や「テーマ」にとらわれすぎないことである。

分かりやすい例として「登山」を題材に考えよう。最初は、どうせ登るなら世界一高いエベレストだ！と意気込んでいた登山者（クライアント）がいたとする。この登山者は、なぜエベレストに登ろうとしているのかが、本人の中では必ずしも明確には意識されていないかもしれない。あるいは、なんとなくは意識されていても、明確に言語化されていないかもしれない。

いろいろ対話するなかで、実は「世界一」にこだわった理由は単なるクライアントのつまらない見栄やプライドであって、よくよく考えてみると、「世界一」であること自体が大事なのではなく、登山することによって経験したい「何か」が他にあるのかもしれない。その「何か」がエベレストではなく、富士山や高尾山でも得られるものであるならば、その人が様々なリスクを背負ってあえてエベレストにチャレンジする必要性自体がなくなる。

ビジネスコーチングの面白いところは、クライアント自身が気づいていなかった「本当にたどり着きたいところ」が、コーチとの対話を通じて徐々に見つかる場合があることだ。しかも、たとえそれが「本当にたどり着きたいところ」だったとしても、クライアント自身が置かれている環境の変化や、クライアント自身の成長によって、それがさらにアップデートされていく場合があることだ。

旅行が好きな人が、旅先で大自然に触れて、さらに異国の地で別の大自然に触れてみたいと感じたり、ダイビングをする人が、はじめて沖縄の海に潜ってみたら、あまりの海中の美しさにいたく感動し、今度はパラオやモルディブといった世界的なダイビングスポットに行ってみたいと感じたりすることにも、少し似ているかもしれない。

クライアントがどのような人生を歩みたいと思っているのか、を深いレベルで理解する

ビジネスコーチングは、クライアントのビジネス目標の達成を支援するアプローチではある。しかし、**クライアントはビジネスパーソンである以前に、ひとりの人間**であり、家族や友人や仲間がいて、様々なコミュニティでの活動がある。ビジネスがあくまでもクライアントの人生を織りなすひとつのパーツであると考えると、ビジネスコーチングのスタートは、「あなたはどのような人生を歩みたいと思っているか」から開始されることとなる。

以前、某上場企業の社長（Bさん）とのコーチングセッションにおいて、こんなやりとりをしたことがあった。

私（コーチ）「Bさんは、上場企業の社長という立場ですけど、人生の時間のどのくらいを仕事に充てていらっしゃいますか？　実際に仕事をしていなくても、頭の中で仕事について考えている時間なども含めて」

Bさん「そうですね〜、だいたい6割くらいですかね。以前は、猛烈に仕事をしていた時期もあったのですが、キャリアを重ねるうちに徐々に考え方が変わってきた部分もあります。いまは、平日はもちろん社長としての役割はしっかりやりますけど、仕事を終えたら完全にオフモードに切り替えますね」

私（コーチ）「えっ、意外です！　Bさんはいつも仕事のことで頭がいっぱいな方というイメージがあったので、6割というのはちょっと驚きでした……。ところで、Bさんはいま、社長として『やりたいこと』にどれくらい時間を割いていますか？」

Bさん「や、やりたいことですか？　う〜ん、どうかな〜。6〜7割くらいかな」

私（コーチ）「これまた意外でした！　Bさんがやりたくない仕事、3〜4割も時間を割いていらっしゃるんですね。やりたくない仕事については、ご自身の中でどう捉えて向き合っていらっしゃるんですか？」

Bさん「仕事なので、『割り切って』やってますよ。本音ではそう思っていなくても、『社長として』社員に伝えなくてはいけないこともありますからね。そのあたりは『社長を演じている』ような部分もあるかもしれません」

私自身は正直、上場企業の社長なら、少なくとも起きている時間の8割から9割くらいは仕事のことが頭を占めているものだと勝手に思い込んでいた。そのため、「人生の6割を仕事に充てている」というBさんの言葉が大変意外だった。しかし、**地位や役職に関係なく、どのような人生を歩みたいか、ということと、ビジネスでどのような成果を出したいか、という点は、決して分けて考えることができない不可分の領域**であるということを、このときの対話を通じて改めて認識することとなった。

このBさんのように、人生における仕事の占める割合が6割の方が、仕事に対してアクセルを踏み込む強さと、人生において仕事が占める割合が9割の方が仕事に対してアクセルを踏み込む強さは、まったく異なる。前者の場合は、仕事以外の4割の充実があってはじめて6割の仕事の充実を感じられるかもしれない。一方、後者の場合は、仕事のことを考えること自体が楽しいものであり、プライベートな時間も合わせてすべてをよりよい仕事の成果に結びつけて考える習慣が身についているかもしれない。

仕事が6割というクライアントに対して、その生き方に寄り添うことなく、どうやって仕事の生産性を高めるかばかりにコーチがフォーカスしていったら、おそらくそのコーチはクライアントからの真の信頼を得ることはできない。コーチが自分の生き方自体を受け止めてくれていないとクライアント自身が感じてしまい、コーチに対してなんでも本音で話そうという気持ちにはなれないからだ。必ずしもすべてのコーチングセッションにおいて、クライアントがどう生きたいかや、クライアントの人生観に深く関わることができるわけではないが、ビジネスコーチはクライアントの人生観を背景に見据えながら、ビジネスコーチングを推進していく必要がある。

ビジネスコーチングを成果につなげる前提となるスタンス――その① 思考の枠を外す

多くの人は、いろいろな不安や不満を抱えながらも、「自ら変わる」ことには進んで取り組もうとはせず、「いまのままの私」であることを望む。そのほうが楽なことが多いからだ。

だが、持続的成長を求められる企業や組織では、成長に対するある種の「強制力」が働き、組織に属する個人に対しても常に変化や成長が求められる。優秀な人やいわゆる仕事がデキる人ほどその期待に誠実に応えようとするため、自らを奮い立たせ、変化や成長にチャレンジしていく。本質的には「変わりたくない」と思っていても、もうひとりの真面目な自分、あるいはプロフェッショナルとしての矜持を持った自分がそれを許さないのだ。そうした個人の不断の努力と営為の集積によって、企業や組織の持続的成長が実現されていく。

ビジネスコーチングを真の成果につなげるためには、いくつか前提として考えておかなければならないことがある。ここからは、そのことについて考えていきたい。

まずは「思考の枠」というポイント。ここで言う思考の枠とは、人が持っている先入観や固定観念や他者に対するレッテルなどを総称した言葉だ。「自分はこれまでこのやり方でやってきたから、これからも同じやり方でやれば、必ず成果につながる」という思い込みとか、「彼またはは彼女は、これまで同じミスを繰り返してきたから、きっとまた近いうちに同じミスを再発するに違いない」というレッテルなどを指す。あるいは「成果が上がらないのは周囲のメンバーのせいだ。自分のせいではない」という自己防衛的な態度など、これらすべてを包含する概念を「思考の枠」と呼ぶ。最近では「アンコンシャスバイアス（無意識の偏見）」という言葉も普通に使われるようになってきたが、それも「思考の枠」のひとつだ。

この「思考の枠」というものが、われわれがよりよく変わろうとする際の大きな障害となる。誰もがいまの考え方・行動を軸にこれまでの人生を過ごしてきたわけであり、よりよく変わるということは、これまで頼ってきた考え方や行動の軸を見直す、あるいは捨て去ることである。しかし、長年付き合ってきた自身の考え方や行動は、誰しもそう簡単には変えることはできない。

そのため、ビジネスコーチがクライアントと向き合う際に最初に考慮しなければならない事項が、「目の前のクライアントを縛る思考の枠はあるだろうか?」「あるとすれば、どのような考え方か?」という点になる。

企業の人事担当者が「この人、もう少し（よりよく）変わってくれればいいのに」と密かに問題視しているような人ほど、この「思考の枠」を持っており、しかも、その枠がとてつもなく分厚かったりする。読者の皆さんは、自身の「思考の枠」についてどのようにお考えだろうか?

どちらかといえば、先入観や固定観念、他者に対するレッテルなどは持たず、周囲の環境変化や

図表6－3　クイズ

（クイズ）
ここに右下の図のような形のカマンベールチーズがあります。もともとは正方形のカマンベールチーズだったのですが、1人が4分の1を先に食べてしまいました。
これから、今いる4人で食べたいのですが、
正確に4等分したいと考えています。どのように切ればよいか考えてください。
ただし、次の4つの条件を守ってください。

【ゴール】早く達成すること

【条件】
①4等分された部分はまったく同じ形であること
②切り取った部分は動かしてはいけない
③水平に切ってはいけない（薄切りはナシ）
④答えをすでに知っている人は、自ら話してはいけない

前提条件の変更に対して柔軟に適応できるほうだろうか？　あるいは、自分の考え方に固執してしまい、なかなか周囲の意見に謙虚に耳を傾けたり、周囲の環境に合わせて考え方を変えたりすることが難しいほうだと感じているだろうか？

いまから実際に実験してみたいので、ぜひ図表６－３に示すクイズにチャレンジしてみていただきたい（※このクイズは通常３～４名以上で取り組む。制限時間は５分）。

このクイズ自体はよく知られているが、思考の枠の有無とその枠の強硬さの度合いを測るために、「条件」など筆者が独自にアレンジを加えている。読者の皆さんは、このクイズに３～４名以上で取り組むとどのような現象が起きるか、想像がつくだろうか？

これまで私はビジネスコーチングの研修において、累計10万人以上にこのクイズに取り組んでもらったが、制

限時間5分以内に参加者全員が正解できたことは一度たりともなかった。どの企業でやっても、どの年齢層でやっても、最初に起きるのは、個々が黙々とこのクイズに取り組むという現象だ。条件の中に「答えをすでに知っている人は、自ら話してはいけない」と書かれているが、多くの人はこの箇所を読んだ時点で勝手に次のような解釈が頭の中を占める。

「周囲に聞いてはいけない」
「答えが分かった人の解答を見てはいけない」
「自分が答えを分かったとしても、書いたものを周囲に見せてはいけない」

これこそが先入観であり、固定観念であり、「思考の枠」だ。「答えをすでに知っている人は、自ら話してはいけない」という文言を見て、勝手に頭の中で右のような「解釈」に読み替えてしまっているのだ。なぜそのようなことが起きるかと言えば、「クイズ」という言葉の中に、「自分ひとりで解くもの」といった思い込みや先入観が存在しているためだ。答えは、図表6－4の通りだが、実は、このクイズの答え自体はまったく重要ではなく、むしろ、どうでもよい。

私は研修参加者に次のように問いかける。
「ゴールは『早く達成すること』です。どうすれば、ここにいる全員が最短時間で早く正解にた

図表6－4　答え

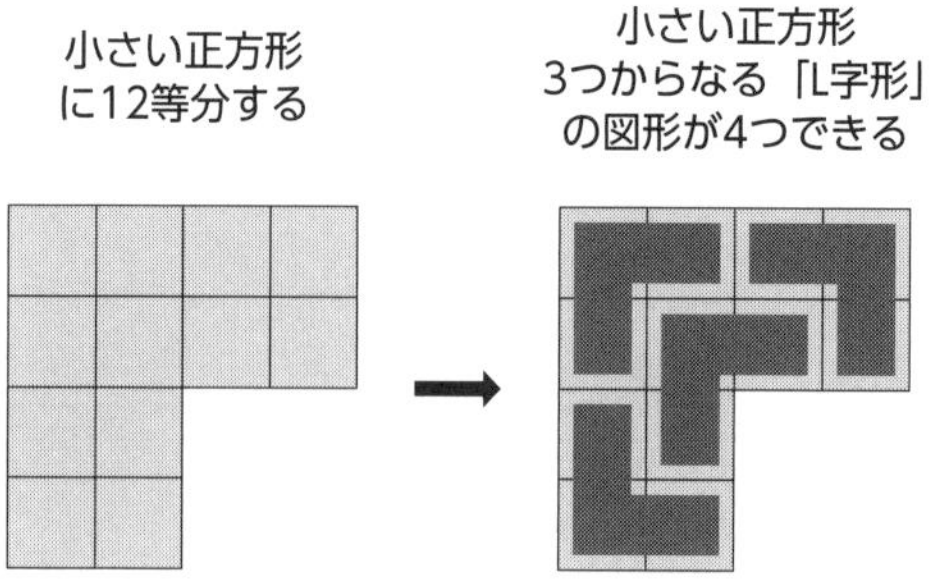
小さい正方形
に12等分する
小さい正方形
3つからなる「L字形」
の図形が4つできる

どり着けるでしょうか？」

この質問を投げかけられてしばらくすると、ようやく数名の人が「答えをすでに知っている人は、自ら話してはいけない」が「引っ掛け」であることに気づき、「周囲の人とコミュニケーションを取ればいいと思います」などと「ドヤ顔」で答えてくる（笑）。が、残念ながらこれは最短時間で正解にたどり着く方法ではない。読者の皆さんは、条件を逸脱しない範囲で、どうすれば最短時間で正解にたどり着くことができるかお分かりだろうか。

模範解答は次のいずれかだ。

模範解答①　クイズを解けた人が、クイズを解けない人に正解を見せる

模範解答②　クイズを解けない人が、出題者に「正解をホワイトボードに書いて見せてください」とリクエストする（あるいは正解を出題者に聞く）

この2つの模範解答は、いずれも4つの「条件」の中で「やってはいけない」とは書かれていない内容だ。

どんな組織でも、どんな年齢層でも、このクイズに取り組むことで起きる現象は次の2つだ。

現象① 答えを知っている人が、知らない人に教えない

現象② 答えを知らない人が、知っている人に聞きにいかない

よいか悪いかは別にして、この2つの現象が必ず起きる。この現象は、実は組織の中でも日常茶飯のこととして発生している。どういうことか。

「答えを知っている人が知らない人に教えない」「答えを知らない人が知っている人に聞きにいかない」というのは、つまり、チームや組織の中において、適切かつタイムリーに情報共有が行われていない、ということにほかならない。

いま、すべての企業において、最も少ないリソースで、最も大きな成果を出すことが求められている。しかも最短時間で。一方、先のクイズは、最も短い時間で、全員が成果にたどり着くことが求められている。つまり、クイズにおいても、企業の現場においても、共通してそこにいる人たちに求められているのは、「最小のリソースで、最短の時間で、最大の成果」なのである。

ビジネスコーチングにより意識が変わり、行動が変わり、ビジネスの成果につなげていき、し

かもその効果を持続させていくためには、最初の関門として「いまのままでよい」「このまま変わらなくても問題ない」という思考の枠を外すことが求められる。ここが真の行動変容を実現する上でのスタート地点であることの理由について、お分かりいただけただろうか。

ビジネスコーチングを成果につなげる前提となるスタンス
――その② 周囲との「関係の質」を高める

大ベストセラーとなった『嫌われる勇気』（岸見一郎・古賀史健著、ダイヤモンド社）において、アドラー心理学にはじめて触れた読者もいらっしゃるかもしれない。アドラーは「人間の悩みはすべて対人関係の悩みである」と断言した、と同書でも紹介されているが、周囲との関係の質を高めることは、ビジネスコーチングにおいてその成果を最大化するうえで極めて重要なポイントとなる。

ダニエル・キム教授により提唱された組織の成功循環モデルにおいて、組織がよりよい成果を上げるためには、「関係の質」→「思考の質」→「行動の質」→「結果の質」の順番が重要であると説かれているが、まさにこのモデルにおける最初の段階である関係の質について考えていきたい。一例として、エグゼクティブコーチングの場合、ざっくり言うと成果につながるまでの手順は以下のような形となる。

①コーチとクライアントの間で「強い」信頼関係が構築される

⬅

②クライアントとステークホルダー（上司・同僚・部下等）との間で信頼関係が構築される

⬅

③クライアントの行動が、周囲に対してポジティブな影響力（インパクト）を与える

⬅

④ポジティブな影響力を受けた周囲のメンバーが、自律的かつ生産性高い活動を展開していく

⬅

⑤自律的かつ生産性高い活動を展開するメンバーによって、企業や組織内におけるコミュニケーションが活性化し、業務の生産性が向上したり、組織においてイノベーションが生まれたりする

つまり、「コーチとクライアント」との間の関係の質の向上と、「クライアントとステークホルダー」との間の関係の質の向上が、よりよいビジネス成果を生み出すうえでの必要条件となる。より正確に言えば、**「クライアントとステークホルダー」との間の関係の質は、「ステークホルダーとその先にいるステークホルダー」との間の関係の質にも影響を与えていく。**

そのため、最初のステップである「コーチとクライアントの間での『強い』信頼関係の構築」のためにも、コーチ自身が初対面のクライアントから30分程度の短時間のうちに信頼を得られることが必要になる。コーチの全身から醸し出される雰囲気やたたずまい、ビジネス経験の量と質、見識の高さといったことがクライアントによって評価され、見極められる。そして、信頼に足るコーチか、クライアント自身のビジネス成長加速のきっかけが得られそうか、といったことが、初回のコーチングセッションにおける対話を通じて、クライアントによって検証されていくのである。

特に、クライアントの職位・ポジションが上がれば上がるほど、周囲との信頼関係の質の重要度は高まっていく。**大きな組織、大きな企業ほど、そのトップの言動が与える周囲へのインパクトが波及的に大きくなる。**どんなに優れた製品を世に送り出していようが、どんなに優れた企業ブランドを持っていようが、その企業のトップが例えば破壊的なコメントをほんの一瞬発しただけで、株価は急落し、顧客が離反し、取引先は契約を解除し、門を叩く中途社員候補もサーッと引き潮のように引き揚げていく、といった事例は数え始めたらキリがない。世界中がネットでつながり、これまで見えなかった情報、見えにくかった情報が時間の経過とともに「見える化」されつつある現代社会において、組織における上司・同僚・部下のみならず、顧客・取引先・株主・社会といったあらゆるステークホルダーを味方につけ、彼らの共感を得られなければ、組織・企業は存続していくことが難しい時代に入りつつある。

ビジネスコーチングを成果につなげる前提となるスタンス――その③　少し立ち止まる

ビジネスコーチングにおけるクライアントとのセッションでの頻出テーマのひとつが「時間管理」だ。業績好調で成長している組織・企業に属している人ほど、いかに時間を効率的かつ効果的に使っていくかは非常に重要なテーマとなる。やるべき仕事が山積みになっているからだ。ついつい「時間がない」「忙しい」といった愚痴がこぼれる。

そんな人たちは、緊急度や重要度は当然意識しているため、いまさら「緊急度と重要度のマトリクス（アイゼンハワーマトリクス）を使って、タスクを整理しましょう」などといった表面的かつ安直な提案ではまるで満足しない。彼（彼女）らは、自分なりにすでに緊急度と重要度は完璧に整理できていたりする。緊急で重要なタスクが80存在し、緊急でないが重要なタスクが20存在していれば、1週間40時間のうちの80％を緊急かつ重要な仕事に割き、残り20％を緊急ではないが重要な仕事に時間を割くことはできていたりする。それでもなお、「時間が足りない」のだ。

働き方改革によって時短が加速し、ワークライフバランスがこれまでになく強く求められる社会において、これ以上「仕事時間」を増やすことは、部下に対しても示しがつかず、ましてや在宅（リモート）ワークを行う昨今のビジネスパーソンなら、家族からも支持は得られない。たとえて言えば、一度離陸した飛行機が、給油のために着陸するヒマすらないがゆえに、飛行しながら給油しなければならない、そんな状況が彼（彼女）らの毎日置かれている状況なのだ。

読者の皆さんがコーチとしてこんなクライアントを担当することになった場合、どのようなアプローチでコーチングを進めていくだろうか。

キーワードは2つ。ひとつは仕事のやり方に関する構造改革をも含めた「時間当たりの生産性向上」、もうひとつは、「いま、ここ、にある対話からの学びを増やすこと」だ。

両者は相互に関連する内容ではあるが、まずは時間当たりの生産性向上から考えていきたい。働くすべての人が、できる限り最少の時間で、できる限り最大の成果を出したいと考えていることを前提にすれば、特に労働集約的な仕事において、働く時間の絶対量は増やせないが、やるべきタスクが増えている場合に対する唯一の解決アプローチは、時間当たりの生産性を向上させることになる。

例えば、これまで1時間かかっていた会議を30分で終えられるようにすれば、そこだけ見れば生産性は2倍になる。30分かかる会議をさらに15分に縮めることができれば、生産性はさらに2倍になる。

では、どうすれば、時間当たりの生産性を向上させることができるのか。キーワードは「対話の質の向上」だ。これまで1時間かかっていた会議を30分で終えるためには、余計な話、無駄な話をしている余裕はない。本当に重要でかつ必要な事柄について対話し、参加者が的確な質問を投げかけ合い、相互にしっかりと傾聴し、理解を深めることが必要となる。傾聴力や質問力が低い人が集まって会議をすると、会議の生産性は一向に高まらない。そのため、会議の生産性を上げるためのファシリテーションもカギとなる。

次に、「いま、ここ、にある対話からの学びを増やすこと」について考えてみたい。

時間管理においてよくある解決アプローチは、「いかに任せるか」というデリゲーションの問題に対するものだ。日々の活動を「作業（＝自分ではなくてもできる仕事）」と「仕事（＝自分でなければできない仕事）」とに分類し、「作業」を部下や周囲の人間に「任せる」アプローチだ。

ここでありがちなのは、例えば3時間の作業を要するタスクAを上司が部下に任せる場合、その部分だけを切り取ると、上司にとっては部下に任せることによって3時間もの時間が「浮く」ことになるが、上司にとっての浮いた時間が、そのまま部下の時間に上乗せされるだけの状況を生んでしまいかねないことだ。この場合、上司は浮いた3時間を他の重要な仕事に振り向けることができ、一見すると生産性が上がったようにも見える。しかしこの3時間が部下に付け替えられただけであり、上司と部下の活動をトータルで見た場合には、何ら生産性は向上していない結果に陥ってしまう可能性をはらんでいる。

上司が部下に仕事を任せる際、必ず発生するのが、上司と部下との対話であり、コミュニケーションである。タスクの目的は何か？　いつまでにどのようなアウトプットを出す必要があるか？　納期はいつか？　こうした依頼内容を事前に伝える必要もあれば、タスクを進めていくうえで懸念事項や確認事項が生じた際には、部下は上司を巻き込みながら進めなければならないばかりか、上司に対する報告・連絡・相談も必要となる。

ポイントはここからだ。上司が部下にタスクを丸投げして、部下に結果だけ確認するような任せ方をしているとすれば、このタスクから上司や部下が学びを深めることができる可能性は極めて低くなる。一方で、タスクを任せた上司が、対話を通じて部下の強みを理解しようと努めたり、部下の仕事の進め方について吸収しようと試みたりし、一方の部下は適宜行われる上司からのフォローやサポートからよりよい仕事の進め方を学ぶことについて前向きに取り組むことができるとすれば、**「任せる」ことを通じて発生する対話からの学びを得ることにつながり、その意義は測り知れない。**これが、「いま、ここ、にある対話からの学びを増やすこと」であり、他者の学びを自分の学びに転換することの重要性だ。

ビジネスパーソンはいま、激動の時代の只中を生きており、ちょっとでも油断すると「忙しい」という言葉が口をついて出る。しかしながら、**忙しいからこそ「立ち止まる」必要があり、「立ち止まる」時間を確保することによって、「よりよい自分の動き方」を冷静に判断することができる。**われわれは、自分自身が主人公として登場する映画や舞台の監督や演出を生まれながらに兼務しているのだ。主人公の俳優として自分がどのように動けば、よりオーディエンスに感動を与えることができるのか。どのような改善をすれば、チーム全体としてのパフォーマンスを高めることができるのか。演じることに一生懸命の「私」には、それを冷静に見つめ、客観的に判断することが難しい。だからこそ、「立ち止まって考える」ことが必要なのだ。

ビジネスコーチングを成果につなげる前提となるスタンス——その④　サイエンスとアートのバランスを取る

ビジネスコーチングの魅力のひとつは、そのアプローチに正解はなく、ビジネスコーチングを受ける相手の特性や感情、そのときどきに相手が置かれた環境によって、あるいはコーチングする側の能力や経験値によって、取り得るアプローチが無数に存在する点だ。それは例えば、プロの将棋や囲碁の世界において、最初の一手を何にするか、どのような戦術を取るのか、といった判断において無数の選択肢があり、毎回の対戦ごとにアプローチが異なってくることに似ているかもしれない。

コーチングスキルを高めるためにコーチングのロールプレイを行い、ロールプレイ終了後にコーチ役（あるいは上司役）とクライアント役（あるいは部下役）が、「コーチ役（上司役）からあの質問を投げかけられたとき、クライアント役（あるいは部下役）の私は思わずはっとしました」「クライアント（あるいは部下）へのあの質問はこういう意図で投げかけました」などと振り返ることで次のセッションに生かしていこうとすることはよくあるが、この振り返りの時間も、将棋における「感想戦」に実によく似ている。そして、将棋の世界においてはロジカルな思考が求められる一方で経験から繰り出される直観に基づく次の一手があるように、ビジネスコーチングにおいてもコーチ側には常にサイエンス的なアプローチと、アート思考に基づく直観的な考え方やものの見方が必要となる。

実際、コーチングセッションにおいて、本質的なテーマが何かを明確にしたうえで、当該コーチングセッションをよりよい成果につなげるためには、サイエンス的な思考とアート的な思考の両方が必要となる。コーチとクライアントとの具体的な対話を挙げながら考えてみたい。

目の前のクライアントが「今日のセッションでは、自身の仕事の生産性向上について話したい」と切り出したとしよう。クライアントの言葉を額面通りに受け取って、「仕事の生産性」をテーマにすることを前提にして、「なぜ、今日は『仕事の生産性』について取り組みたいのか？」「仕事の生産性を高めることで、何を得たいと考えているか？」といった質問を投げかけてセッションを展開していくことは、サイエンス的な思考に基づくものだ。「生産性」という曖昧で抽象的な言葉・概念を、質問によって具体化していくアプローチだからだ。

一方で、こんなアプローチもあり得る。コーチングセッションにおいて目の前のクライアントが「今日のセッションでは、自身の仕事の生産性向上について話したい」と切り出す。ここまでは先ほどとまったく同じ状況だ。しかし、コーチ自身が、目の前のクライアントの表情を見たり声色を聞いたりして、なんとなくいつもとは異なる違和感を覚えたとする。違和感とは例えば、いつもと比べて元気がない様子で覇気が感じられないとか、青白い表情をしていて疲れている感じがするといったような、クライアントが発する言葉以外（ノンバーバル）の部分から五感を通じて感じられるような部分だ。

そうした状況を目の前にして、コーチが直観を働かせ、「なんだかいつもと比べて疲れているように見えますが、最近何かありましたか？」と相手を思いやる声をかけたり、「ここ数日、ちゃんと睡眠取れていますか？」と相手を気遣う言葉をかけたりすることで、「いや〜、実はここ最近、トラブルが続いていて、正直あまり眠れていないんです。気にかけてくれてありがとうございます！ 今日のセッションではそのあたりのことについて話をさせてもらっても大丈夫でしょうか？」と、クライアントの本音の気持ちが吐露されることにつながるかもしれない。

本音で対話することにより、より深い洞察を得られることもある。これは、コーチが論理的思考よりもクライアントの様子を見て感じた直感的な感覚や、クライアントに寄り添う姿勢があったからこそ感じ取ることができた相手の感情の部分について理解に努めたことでできるアプローチである。直観や感性に基づいた判断という意味において、アート思考だ。

もちろん、前者のサイエンス思考に基づくアプローチがダメで、後者のアート思考に基づくアプローチが正しいと言っているわけではない。どちらのアプローチでのセッションを展開していくべきか。それは、クライアント自身が選択し、判断・評価すべきものだとも言えるからだ。

実際、クライアントの話をよくよく聞いてみると、先の例において、ここ最近トラブルが続いていて精神的に滅入っており、夜もよく眠れずに疲労が溜まっているということと、仕事の生産性がなかなか上がらないことは完全につながっている事象かもしれないのだ。その結果、どちらのアプローチを取ったとしても、最終的には「生産性」というテーマにたどり着くことになるかもしれない。クライアントがどのような状況のときにサイエンス思考を優先して関与すべきか、あるいはアート思考を優先して関与すべきかを正しく言語化することは、非常に難しいということだ。

しかしながら、**サイエンスとアートの2つの領域を意識的に行き来しながらクライアントに関わることができなければ、真の意味でのクライアントの可能性を引き出すことはできない**のだ。論理と理性では勝てない時代になりつつあることについては、ベストセラーにもなった山口周さんの『世界のエリートはなぜ「美意識」を鍛えるのか？』（光文社）に詳述されている。ぜひ参考にしていただきたい。

ビジネスコーチングを成果につなげる前提となるスタンス——その⑤　マネジメントとリーダーシップを使い分ける

読者の皆さんは、自身の仕事において、マネジメントとリーダーシップをどのくらい意識しているだろうか？

企業や組織で働く人の多くは、大きく分けると、自分で考え自分で動く「プレーヤーとしての仕事」に取り組んでいるか、自身がビジョンや戦略・方向性を指し示し、実際に考えて動いてもらうのは自分以外のメンバーや部下という「マネジャーとしての仕事」のどちらかのモードで働いている。また、その両方の役割を担ういわゆるプレーイングマネジャーの方も少なくない（私自身もそのひとりだ）。

マネジメントは、日本語では「管理」と訳されるが、管理するだけでは人は育たず、組織も成長しない。人が育ち、組織を中長期的に成長させていくためには、経営者やマネジャーのリーダーシップが不可欠となる。本人が意識している、いないにかかわらず、組織を一定の方向に導くためには、リーダーシップとマネジメントの両方が必要となる。

ただし、リーダーシップもマネジメントも、事業のステージや製品のライフサイクルのステージ等によって、発揮されるべきウエイトは異なってくる。

分かりやすい事例は、起業や新規事業の立ち上げだ。そもそも何もないゼロからイチを生み出す活動であるため、誰を顧客にしたいかという願望はあっても、実際に想定する顧客が新しく立ち上げるサービスを買ってくれるかどうかは、やってみないと分からない。あるいは新規事業の立ち上げにおいても、机上の計算ではある程度の売上やコストを見積もることはできても、そもそもまだ世の中に存在していない製品・サービスを提供する以上、実際にはどのくらいの人が買ってくれるのか、こちらが希望する価格で購入してくれるのか、といった点についてあらかじめ与えられた数値（例えば、市場規模のような定量データ）のようなものはどこにもない。つまり、暗闇の中を手探りで少しずつ前進していくような動きが必要となる。

こうした起業や新規事業立ち上げのステージでは、そもそも数値として管理すべき対象がほとんどないため、マネジメントのアプローチは一切役に立たない。必要なのは個人のリーダーシップだ。「売れるかどうかは分からないけど、まずはやってみよう！」「ニーズがあるかは分からないけど、とりあえずチラシをつくって配ってみよう」といった前向きな発言とフットワークの軽い行動が必要になる（実際に私自身が仲間とともにゼロから会社を立ち上げて、まったく売上がない状態から売上を1億円規模、10億円を超える規模の事業に育ててきた実体験を振り返ってみても、しみじみとそのように感じる）。

一方で、すでに軌道に乗っている製品や事業の場合は、状況は大きく異なる。いわゆる0→1、1→10のステージはクリアし、製品のライフサイクルで言えば、立ち上げ期→成長期を過ぎて成熟期（10→100に移行済み）のステージに入っているような状況であれば、具体的な売上目標やコストを明確な数字で掲げたうえでその進捗を管理し、目標達成するための戦略・戦術を決め、具体的な行動項目に落とし込んでメンバーに徹底的に実行してもらう、といったマネジメントが必要となる。

多くの経営者や管理職にとって、リーダーシップとマネジメントは、二者択一のものではなく、同時並行で発揮し、取り組まなければならないテーマとなる。ただ、同時並行で取り組む必要があるものの、先に述べたように起業や新規事業立ち上げ時においては活動時間の7～8割以上の割合でリーダーシップの発揮がポイントになり、一方、成熟期を迎えた製品・サービスの開発・販売においては7～8割以上でマネジメントの発揮がポイントになる。

したがって、ビジネスコーチとしてクライアントのビジネス上のよりよい成果の実現を支援するためには、コーチ自身がリーダーシップとマネジメントのバランスの取り方について自覚的であることが必要だ。クライアントは皆、置かれた環境における各種の制約の中で、その時々の「ベスト」を尽くしたうえで、いまこの瞬間を迎えている。しかしながら、いま置かれているステージにおいて、十分にリーダーシップを発揮できているのか、十分にマネジメントに時間を割くことができているのか、といった点については、客観的に把握することは難しい。ビジネスコーチがその部分に光を当て、問いかけることによって、クライアントは立ち止まり、リーダーシップとマネジメントの発揮のバランスを最適化しようと考え始める。そのためのきっかけを提供するのが、ビジネスコーチの役割となるのである。

具体的には、クライアントに対して次のような問いをビジネスコーチが投げかけると効果的だ。

［質問］あなたのミッションを遂行するうえで、リーダーシップとマネジメントはどのくらいの割合で発揮することが理想ですか？（あるべき姿）

［質問］あなたはいま、リーダーシップとマネジメントをどのくらいの割合で発揮できていますか？（現状確認）

［質問］よりよいパフォーマンス発揮のために、あるいは、周囲に対してよりよい影響力を与えるために、リーダーシップまたはマネジメントのいずれかの、何をどのように改善する必要がありますか？（あるべき姿と現状のギャップに基づく解決策・行動計画の検討）

ビジネスコーチングにおけるクライアントシステムへの理解

個人を対象として実施されるパーソナルコーチングにおいては、その対象はあくまでも「個人」だが、ビジネスコーチングが対象とするのは、組織の中における「個人」や「チーム」だ。組織の中の個人やチームを対象とする以上、コーチングの対象はクライアント個人だけではない。クライアントを取り巻く「システム」そのものを間接的に相手にすることとなる。それをビジネスコーチングにおける「クライアントシステム」と呼ぶ。クライアントシステムには例えば、次のものが含まれる。

クライアントシステムの例

◆社内のステークホルダー（上司・同僚・部下）
◆社外のステークホルダー（顧客、株主、取引先、家族など）
◆クライアントが在籍する組織の理念、パーパス、ビジョン、ミッション、行動規範など
◆組織における各種の制度（例：人事評価制度や福利厚生など）
◆組織風土・文化（例：経営陣によるトップダウンでの意思決定がなされる組織風土）
◆クライアントが関係・直面する各種のトラブル、難題など

クライアントシステムは複雑であり、不透明であり、可変的であり、政治的なものだ。クライアントの思考と行動はクライアントシステムに影響を与える一方で、クライアントシステムから影響を受ける（図表6－5）。コーチは、実際にクライアントと常に空間を共にしてい

図表6－5　クライアントシステム

ポイント：
- コーチが相手にするのは組織の中の「個」である。
- よって、相手にするのはクライアント個人だけではない。
- クライアントを取り巻くシステムそのものを、間接的に相手にする。
- クライアントの考えと行動は、システムに影響を与え、システムから影響を受ける。
- コーチはリサーチャー（研究者、探求者）になりきり、ヒアリングを通してシステムを理解する。

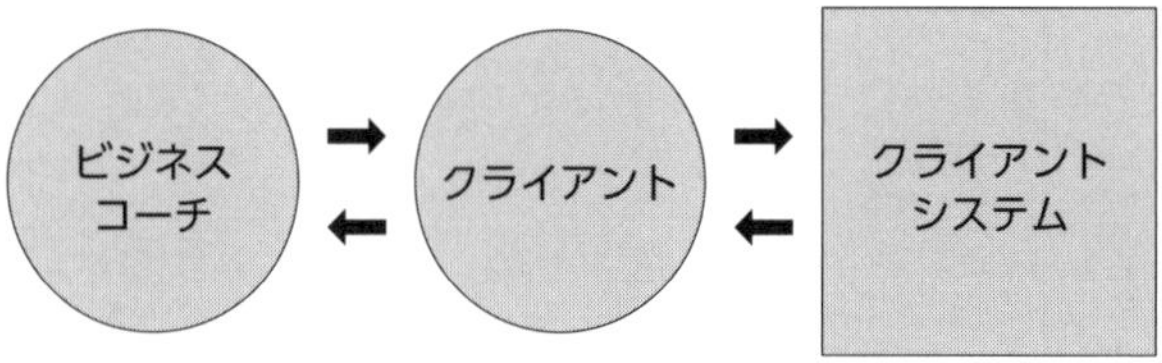

ビジネスコーチからは
リアルタイムでは見えない世界

るわけではなく、対話を通じて気づきやアイデアを創出していく役割を果たす存在であるため、クライアントのステークホルダー（クライアントの上司・同僚・部下などの利害関係者）との対話を通じて「クライアントシステム」への理解を深めていく必要がある。

エグゼクティブコーチングのプロセスには、ステークホルダーへのインタビューやアセスメント（エグゼクティブコーチングにおける事前・事後に行う360度フィードバック）が含まれている。それは、クライアントであるエグゼクティブがクライアントシステムに対してポジティブなインパクト（影響力）を与えるための行動変容を目的にしているからにほかならない。

パーソナルコーチングにはない、ビジネスコ

ーチング特有の難しさのひとつは、パワーポリティクス（権力政治）の存在だ。クライアントとのコーチングセッションにおいて、対話を通じて目標達成のための有効な解決策が導かれたとしても、所属する組織の政治的な理由により、クライアントがたどり着いたその有効な解決策をなかなか遂行させてもらえないケースが少なからず存在する。正攻法で成果を上げられなければ、パワーポリティクスの存在を踏まえた「迂回ルート」を選択することにより、クライアントのビジネス目標達成を支援する姿勢も、コーチ側には必要となるのだ。

ビジネスコーチングのステップとスキル

ビジネスコーチングを受けたいと考えるクライアントがコーチに求めることは、端的に言えば、対話をきっかけとして内省することによる気づきや新たなアイデアだ。コンサルタントに期待する専門領域における専門知識や最先端の業界事例の提供などを期待しているわけでは決してない。ビジネスコーチングとビジネスコンサルティングでは、果たす役割・期待される役割がまったく異なるからだ。

では、クライアントが期待する「対話をきっかけとした気づきやアイデア」をもたらすためには、どんなスキルが必要なのか？

前章で記した通り、まず必要となるのはビジネスコーチングにおけるOSとしてのコミュニケーションスキルだ。コミュニケーションスキルは「観察」「承認」「傾聴」「質問」等に分解されるが、ビジネスコーチングにおいて特に重要となるのは質問のスキルである。観察、承認、傾聴といったスキルについては、すでに多くのコーチング関連書籍や1on1関連書籍においてその必要性や重要性について記述がなされているが、一般的なコーチング以上にビジネスコーチングにおいては高い水準の質問力が要求される。

高い水準の質問力とは、一言で言えば、クライアントが思いもよらなかった度肝を抜くような質問を意図的につくり出し、瞬時に投げかけられる力のことだ。特に成長企業や業績好調の企業経営者は100%仕事にコミットしており、いわゆる仕事がデキるクライアントほど、眠っている時間以外のほぼすべての時間で、自身のビジネスをいかに成長させるか、いかに組織を永続的なものにしていくかを考え続けているからだ（眠っている間も考え続けている経営者もいるかもしれない）。そうした企業経営者に対して、彼らがまったく考えていなかったような角度からの意外な質問を投げかけたり、その度肝を抜くような心に突き刺さる質問をここぞというタイミングでタイムリーに投げかけたりするためには、質問の技術が必要となる。その点について考えていくこととしたい。

まず、ビジネスコーチングは7つのステップに基づいて進められるが（図表6－6）、7つのステップは左脳と右脳の両者を使って2つのプロセスが同時並行で進んでいく。コーチング関連書籍では概ね左脳のプロセスについて書かれているものが多いため、右脳のプロセスを見て新鮮味を覚える読者もいるかもしれない。左脳における7ステップは以下の順で進んでいく。

ステップ1　テーマを決める
ステップ2　現状を明確にする
ステップ3　目標を明確にする
ステップ4　現状と目標のギャップを明確にし、課題を特定する

図表6－6　ビジネスコーチングの7つのステップ

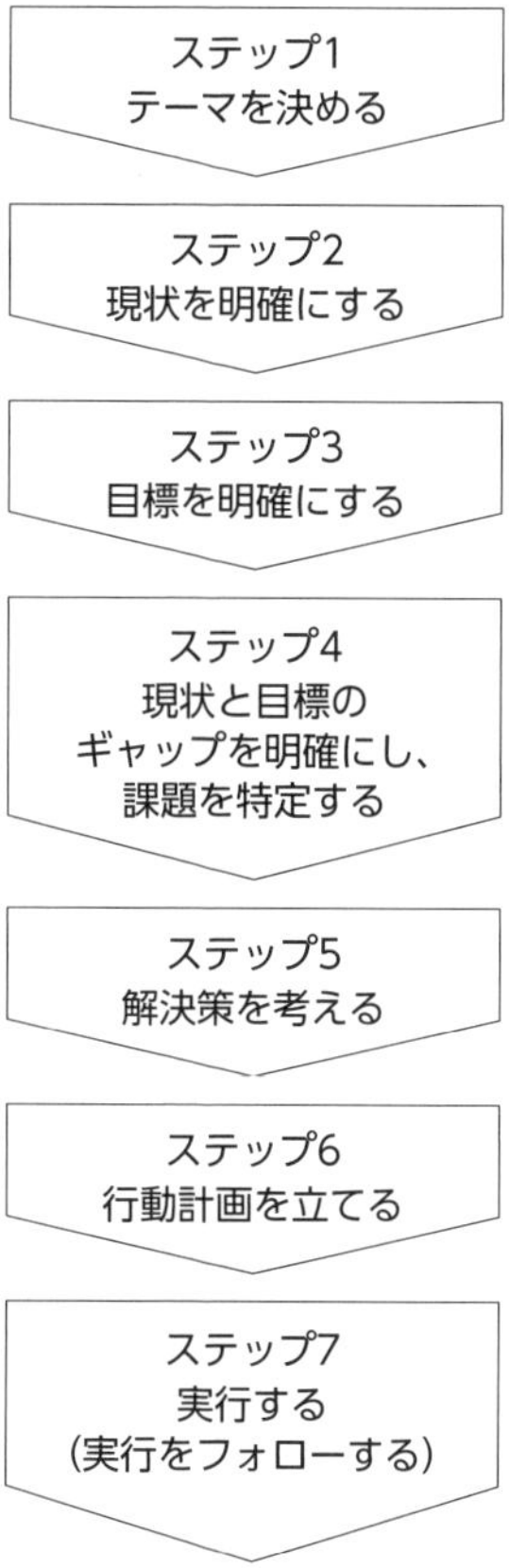

⬅ステップ5　解決策を考える
⬅ステップ6　行動計画を立てる
⬅ステップ7　実行する（実行をフォローする）

そして、左脳で7つのステップを意識しながら、ステップ2からステップ5において、右脳を使った以下の作業が必要となる（図表6－7）。

ステップ2　クライアントの現状を映像的にイメージする・図式化する
（現状を明確にする）⬅
ステップ3　クライアントの目標を映像的にイメージする・図式化する
（目標を明確にする）⬅
ステップ4　クライアントの現状と目標のギャップを映像的にイメージする・図式化する

図表6－7　ビジネスコーチングの右脳と左脳の7つのステップ

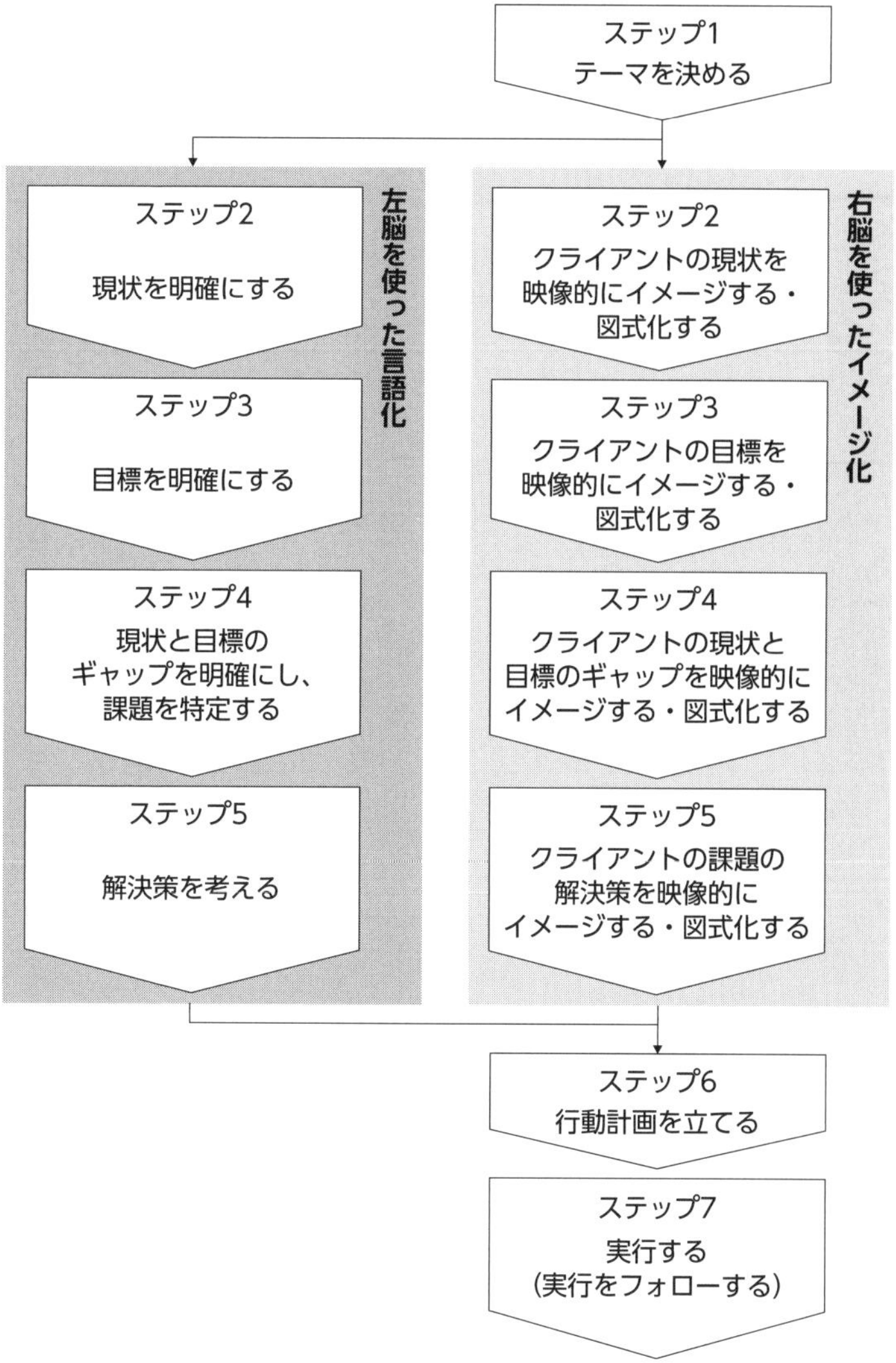

（現状と目標のギャップを明確にし、課題を特定する）
⬅
ステップ5　クライアントの課題の解決策を映像的にイメージする・図式化する
（解決策を考える）

事例で考える

具体的な事例で考えてみよう。

【事例】

あなたはクライアント（以下A氏と表記。年齢45歳。営業部長職。男性）のエグゼクティブコーチングに取り組むことになった。この案件は、A氏が所属する企業の人事部から委託された案件だ。エグゼクティブコーチングは、A氏のステークホルダー（上司・同僚・部下）への事前ヒアリング結果に基づいて、コーチとA氏とでじっくり話し合った結果、「リーダーシップの強化」というテーマについて取り組むこととなった。

コーチ　「テーマが『リーダーシップの強化』に決まりましたね！　Aさんの現在のリーダーシ

ップの発揮はどんな感じですか？（＝ステップ2における質問）」

A氏　「そうですね、事前ヒアリングにおける上司や部下からのフィードバックでもあったように、私からの情報発信が弱いせいか、あまりチームのメンバーに自部門が目指す方向性が伝わっていない感じですかね……」

コーチ　「そうなんですね。もう少し具体的に教えてもらってもいいですか？」

A氏　「私の部門は私を除いて20名おり、直属部下の課長（マネジャー）が3名いるのですが、その3名に対しても必ずしも十分に目指す方向性が伝わっておらず、その下にいるメンバーにはもっと伝わっていない感じがしています……」

コーチ　「そうですか……なかなか厳しい状況ですね。Aさんはいつまでにどんな状態にできれば理想だと思いますか？（＝ステップ3における質問）」

A氏　「う～ん、どうですかね。少なくとも部門の20名全員にわれわれが目指している方向性をしっかり理解してもらって、その方向性に向かって、モチベーション高く仕事に取り組んでくれる、そんな状況を第1四半期が終わる前くらいまでには実現できたらいいですね」

コーチ　「そうなったらいいですね！　その状態を実現できたらAさん自身や部門にとって、どんないいことがありそうですか？（＝ステップ3における質問）」

A氏「自身や部門にとってのいいこと……ですか。よりみんなが自発的に仕事に取り組んでくれるようになるので、私がいちいち指示を出したり、依頼をしたりしなくても、自ら積極的に活動してくれるようになることですかね」

コーチ「なるほど。他にはいかがですか？」

A氏「他には、3名の課長がメンバーの育成にもより積極的に取り組んでくれそうな気がします！　3名のうち2名はある程度モチベーションも高く仕事をしてくれているんですが、1名（以下「Bさん」と表記）が受け身的な感じなので……」

コーチ「Bさんが受け身的であるのにはどんな理由があるんですか？」

A氏「Bさんは他の課長と違って、1年ほど前に当社に加わった中途入社なんです。Bさんが以前働いていたのは誰もが知っているカリスマ経営者が経営する会社で、強烈トップダウンのマネジメントの職場だったようで、言われたことをこなすのはわりと得意なんですが、自ら課題を発見して、自ら解決・行動に取り組むことが少し苦手みたいなんです……」

コーチ「Bさんにとっては、前職といまの職場とでは大きなカルチャーギャップがあるんですね」

A氏　「そうみたいなんですよね。Bさんに対してはこれまでにも『前職のスタイルにとらわれずに、当社ではのびのび仕事してもらっていいから』とは伝えているんですけど、上司から降りてくる指示をひたすら愚直にこなす、といったワークスタイルが染みついてしまっているみたいで……。課長職であるにもかかわらず、『次はどうすればいいでしょうか』など、私に答えを求めてきがちなんですよ、困ったもんです……」

事例に基づく演習

演習①

コーチであるあなたの頭の中では、いまクライアントA氏およびA氏以外の「クライアントシステム」について、どのようなイメージを「映像として」思い浮かべているだろうか？

演習②

クライアントA氏が掲げるテーマについてコーチングしていくうえで、どのようなアプローチ、戦略を取るだろうか？　また、クライアントA氏がこのコーチングで解決したいと考える課題として、どのような仮説を立てることができるだろうか？

図表6－8　事例におけるクライアントシステム

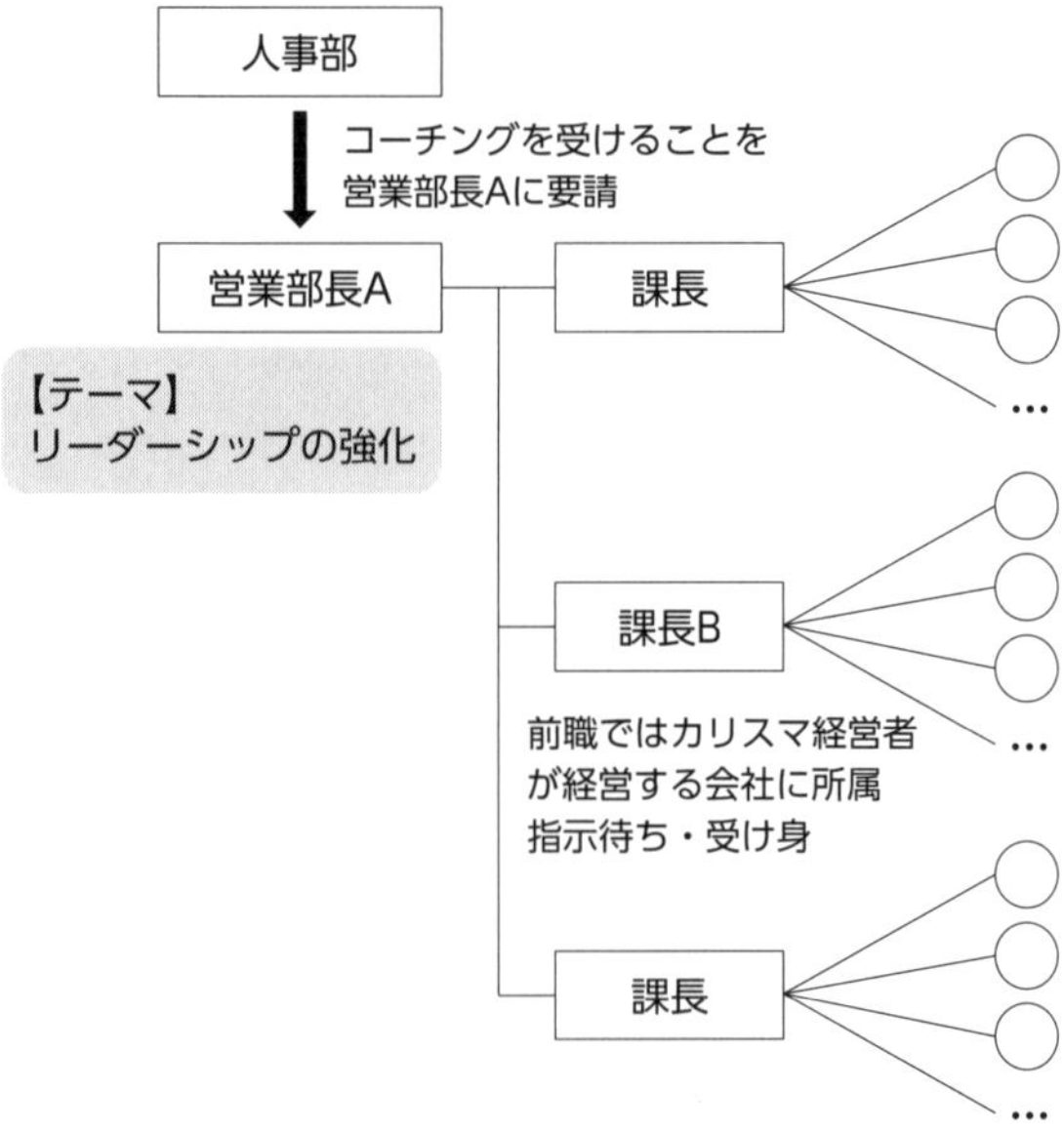

演習③

クライアントA氏が直接言及しなかったことの中で、考慮しておかなくてはならないことがあるとすれば、どんなことだろうか？

演習の解説

演習①の解説

まずコーチであるあなたは、クライアントA氏とA氏以外の「クライアントシステム」として図表6－8のような登場人物をイメージし、A氏との関係性を認識しながらA氏とのセッションを進めていく必要がある。3人の課長の下には5〜6人ずつの部下となるメンバーがいることも、具体的にイメージしておかなければならない。

演習②の解説

クライアントA氏が掲げるテーマについてコーチングしていくうえで、どのようなアプローチ、戦略を取るだろうか？

ビジネスコーチングにおいて、Vの状態ならばWのアプローチ、Xの状態ならばYのアプローチといった論理的思考のみに基づいて導かれる「正解」に相当するアプローチ、戦略といったものは存在しない。常に複数のアプローチが存在し、複数の戦略が想定され得る。ここでは例として、3つのアプローチ、戦略を取り上げる。

最もオーソドックスなアプローチ（アプローチ①）

概要　クライアントが掲げるテーマが正しいことを前提として、当該テーマを掘り下げるアプローチ

クライアントが掲げるテーマが「リーダーシップの強化」であるため、この点についてチャンクダウンする（＝掘り下げる、具体化する）問いを重ねることにより、課題を掘り下げていく。

具体的には、クライアントA氏にとってリーダーシップが十分に発揮されている状態をイメージさせ、例えば、「理想のイメージを100とすると、現状はどのレベルにあるのか（数値化するスケーリングの質問）」「理想のイメージを実現するためにAが最も重要だと感じるアクションはどのような内容であるか」等について、A氏自身が自ら考え、自ら答えを出せる後押しをしていくアプローチがそれだ。

「真の課題」がクライアント自身も認識していない部分にあると考えるアプローチ（アプローチ②）

概要
——クライアントが掲げるテーマとは別に「真の課題がある」という仮説を持って、クライアント自身が掲げるテーマ以外の「真の課題」を探るアプローチ

クライアントA氏が掲げるテーマは「リーダーシップの強化」ではあるが、そもそもA氏が何のために仕事をしているのか、営業部門としてどのようなビジョンや目標を持ち、今期中にはどんな成果を出したいのか、来期中にはどの程度の成果を上げたいのか、といった点が明確になっていなければ、A氏が効果的なリーダーシップを発揮すること自体が難しい。そのため、クライアントがどこに向かっているのかから見直そうとするアプローチだ。A氏が効果的なリーダーシ

ップを発揮する大前提として、A氏が実現したい志やビジョンや目標が必要となるが、仮にA氏がこうした「ありたい状態」「到達したい状態」を具体的にイメージできていない場合には、これらを明確にしていくこと自体が必要であり、十分コーチングのテーマとなり得る。

クライアントと周囲の「関係の質の改善」にフォーカスしたアプローチ（アプローチ③）

概要――クライアントが掲げるテーマを推進する前提となる「クライアントA氏と周囲との関係の質に問題がある」という仮説を持って、コーチングするアプローチ

例えば、クライアントA氏が部下からまったく信頼されていない、あるいは尊敬されていない上司であったと仮定すると、A氏がどんなに素晴らしいビジョンや目標を掲げたとしても、部下のメンバーがそうしたビジョンや目標に対して共鳴し、自発的に行動に移していく可能性はかなり低くなる。「リーダーシップの発揮」という行為が部下のメンバーに対して正常に作用する状態をつくるためにもまず、A氏と部下との信頼関係が十分に構築できているか、という点に焦点を合わせてコーチングを進めるアプローチもあり得る。

右に紹介した①～③以外にもクライアントA氏に対するアプローチは存在し、実際、これら以

外のアプローチを思い浮かべた読者の方もいるだろう。

仮にこの3つのアプローチに絞って考えた場合、クライアントA氏に対してどのアプローチがベストであるかは、アプローチを選択した時点では判別ができない。アプローチ①の「リーダーシップの強化」というクライアントA氏が挙げたテーマを正として掘り下げていくことによって、クライアントA氏に新たな気づきがもたらされることがあるかもしれない。あるいは、アプローチ②のA氏のビジョンや目標そのものの明確化にフォーカスすることが、A氏の思考の枠を外すことにつながるかもしれない。アプローチ③の「周囲との関係の質の改善」が、A氏にとっては「目からうろこ」のフィードバックとなり得るかもしれない。

クライアントA氏に対するコーチングアプローチとして何がベストかを考える際、ビジネスコーチはサイエンス（論理）とアート（感性）の両面から複数のコーチングアプローチや選択肢を考え、瞬時に言語化（質問として表現しA氏に伝える、あるいは、フィードバックの言葉をA氏に伝える等）といった作業を一つひとつ丁寧に積み重ねていくこととなる。

演習③の解説

クライアントA氏が直接言及しなかったことの中で、考慮しておかなくてはならないことを考える際にキーワードとなるのは、前述したクライアントシステムだ。

クライアントA氏の上司・同僚・部下がA氏に対してどのような影響を与えているのか、あるいはA氏自身が上司・同僚・部下にどのような影響を与えているのか、といった点をはじめ、A氏を取り巻く環境を頭の中でイメージしながら、コーチはA氏とのコーチングセッションを進める必要がある。

クライアントA氏が直接言及しなかったものの、A氏にとって非常に重要な点について読者の皆さんは気づくことができただろうか。それは、A氏が「営業部長」である点だ。A氏はコーチとのやりとりにおいては売上・利益といった業績に関することについて言及していないが、A氏が営業部長という役職に就いている時点で、コーチは、営業部長として業績に対してどのような責任を負っているのか、年間の売上目標や利益目標はどのくらいか、といった点が、A氏とのコーチングセッションを進めるうえでの重要な要素となることを意識しておく必要がある。

クライアントは常に自身のことを客観的に観察し、認識できているわけではない。そのため、クライアントが真に解決すべき課題に、クライアント自身が気づけていない場合も少なくない。そのため、**ビジネスコーチは、クライアントが思考をめぐらせなかったこと、言葉にしなかったことを見つけ出し、言語化してクライアントに伝えることも、また重要な役割**となる。

「行動変革のテーマ」を正しく設定することが、コーチングセッションの成否を分ける

ビジネスコーチングのステップにおける肝は、「行動変革のテーマ」を正しく設定すること、

に尽きる。クライアントやビジネスコーチがどんなに優秀であったとしても、「解くべき課題」の設定を間違えてしまえば、目的地ではない望まない地点に到達してしまう。コーチングセッションでありがちなのは、「現象」「問題」と「課題」を混同してしまうケースだ（図表6－9）。

「現象」の中の「問題」……〔例1〕売上が上がらない
〔例2〕部下のモチベーションが低い
〔例3〕忙しすぎる

「課題」……〔例1の現象の中の「問題」に対する課題〕
売上目標達成のための戦略・戦術をメンバーに伝わるように伝える
〔例2の現象の中の「問題」に対する課題〕
上司が部下から信頼を得られるようなコミュニケーションを図る
〔例3の現象の中の「問題」に対する課題〕
場当たり的な対応に終始せず、中長期的な計画に基づいた行動計画を作成する

「真の課題」……〔例1の現象の中の「問題」に対する「真の課題」〕
メンバーが腹落ちする会社のパーパス（存在意義）やミッション・ビジョ

ンを設定する
［例2の現象の中の「問題」に対する「真の課題」］
上司の言行一致を図り、やるといったことを着実に実行する
［例3の現象の中の「問題」に対する「真の課題」］
特定個人に依存せずに業務が進められる仕組みを整える

「現象の中の問題」「課題」と「真の課題」の違いがお分かりだろうか。

エグゼクティブコーチングにおいては、行動変革のテーマ（例えば、リーダーシップの発揮や周囲とのコミュニケーションの改善、部下育成の促進など）を設定するために、事前に360度（あるいはコーチング対象者本人の上司・同僚・部下等のステークホルダー）アセスメントを実施するが、ステークホルダーが最初から「真の課題」を話してくれることはない。むしろ多くの場合において、ステークホルダーが話すことは表面的な「現象」にとどまる。現象の例にある「売上が上がらない」「部下のモチベーションが低い」「忙しすぎる」といった「問題」は、他人からも見えることであり、分かりやすいからだ。

しかしながら、こうした「現象の中の問題」はそれ自体が即解決すべき課題とはならない。現象の背景にはどのような要因や事情があるのか、といった点について、コーチは「Ｗｈｙ（なぜ）」や「Ｗｈａｔ（何）」を中心とした拡大質問を活用して、真の課題にたどり着くまで掘り下

図表6－9　現象・問題・課題

	辞書的な意味	図表6－6の「7つのステップ」における意味合い
現象	感覚の働きによって知ることのできる、一切の出来事	いまいる「A地点」について目に見えること。「問題」は「現象」の一部。 **例）「売上が伸びている」「売上が減少している」など**
問題	解決すべきめんどうな事柄	いまいる「A地点」はなんらかの「問題」を抱えている。 **例）「売上が思うように上がらない」など**
課題	解決を求められている問題	目的地である「B地点」にたどり着くために「やること」または「やるべきこと」。 **例）売上拡大のための戦略の作成、エンゲージメントの改善など**

図表6－10　現象・問題・課題

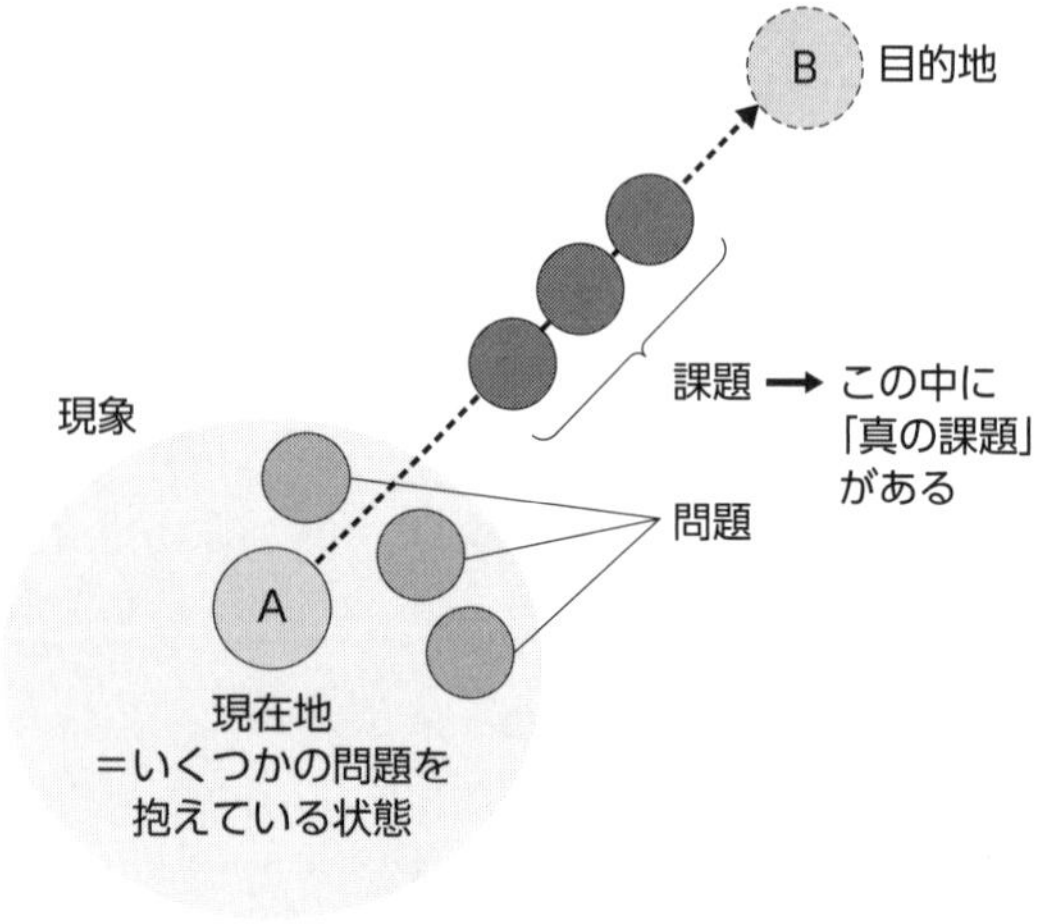

げていく必要がある。真の課題は図表6－10の通り、いまいる現在地からたどり着きたい目的地に到達するまでにやるべきことを指す。

真の課題が解決されれば、その他の課題が自動的に解決に至ることもある。

例えば、「忙しすぎる」といった「事象」における「問題」として「特定個人に依存せずに業務が進められる仕組みが整っていないため、頻繁にヒューマンエラーが発生し、その火消しに多くの工数が取られている」という状況は多くの職場でありがちだと思う。しかしここで、「仕組みが整っていない」ことの背景には、さらに複数の要因が隠れているかもしれない。どこまで掘り下げれば「真の課題」にたどり着くのかは、個々の事案によって判断する必要があるが、いずれにしても、「真の課題」を把握できない限りは、クライアントがどんなに努力を重ねて行動を実践に移したとしても、決して期待する成果にはつながらない（図表6－11）。

視座を高め、視野を広げ、視点を変える質問

エグゼクティブコーチングを依頼される際、クライアント企業の役員や人事部長からの要望の中でも多いのが、「コーチング対象者の視座を高めてほしい」「視野を広げる機会になればいい」というものだ。

エグゼクティブコーチングを受けるか否かに関係なく、すべてのビジネスパーソンにとって、

図表6－11　「真の課題」を特定するための脳内のイメージ

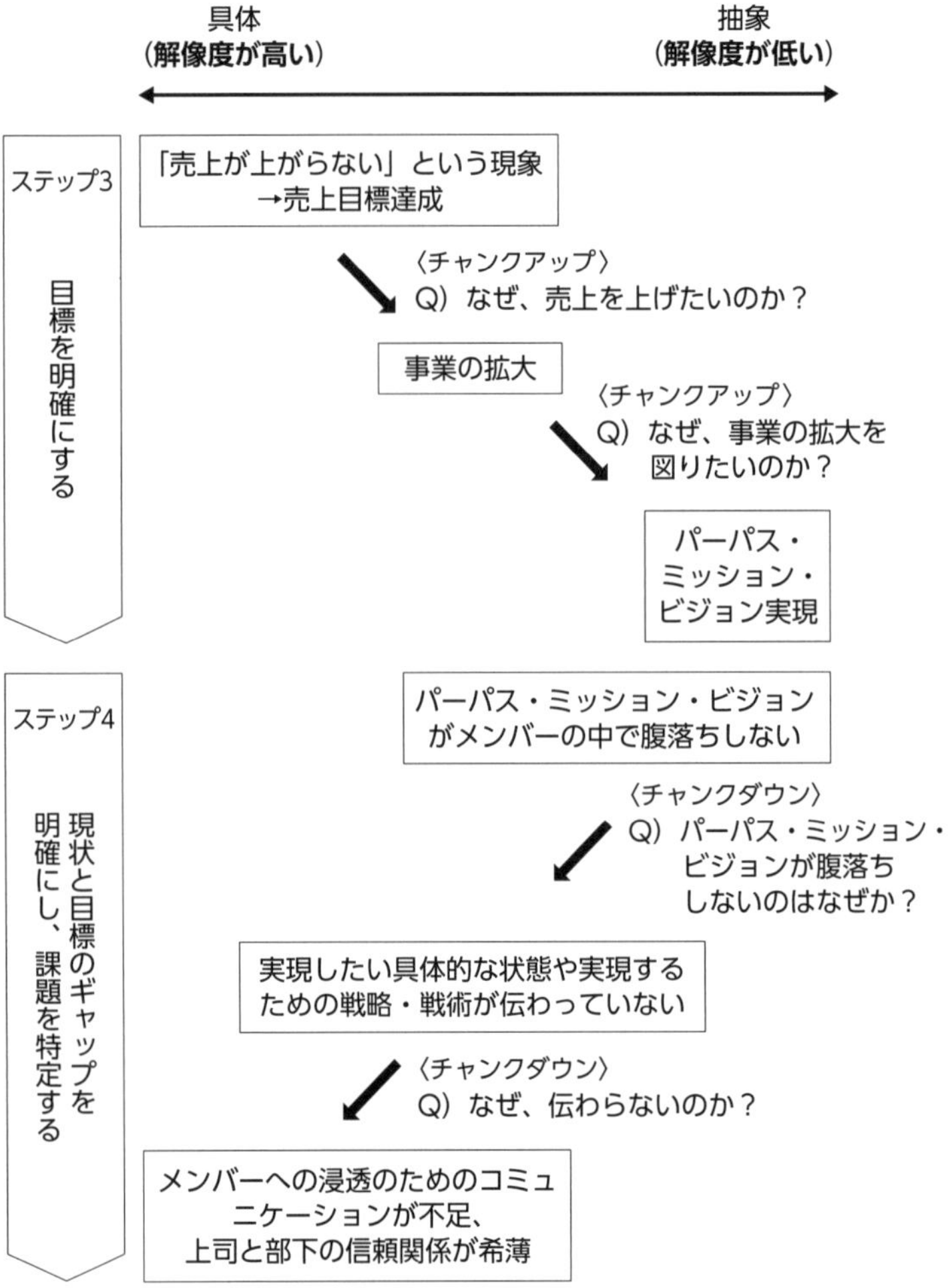

図表6－12 視座・視野・視点

【視座】
＝誰の立場で見るか（どこから見るか）
（例）経営者、顧客、株主、上司、部下 など

【視野】
＝どこまで見るか（範囲）
（例1）組織軸：部、部門、事業本部、会社、業界全体、日本社会、グローバル環境
（例2）時間軸：短期、中期、長期

【視点】
＝何を見るか（対象）
（例）売上、利益、ユーザー数、生産性、社員の定着率、離職率 など

視座を高め、視野を広げ、視点を変えることは非常に重要であり、必要不可欠なことだ。しかし、そもそも「視座」「視野」「視点」といった言葉の概念を正しく使い分けることができる人は少ない。多くの場合、「視点を変える」という言葉の中に、「視座を高める」「視野を広げる」ことも包含してしまっている。では「視座」「視野」「視点」とは何か。図表6－12を見てほしい。

まず「視座」とは、「誰の立場で見るか（どこから見るか）」を指す。例えば、企業の業績について経営者の立場から見るのと、株主の立場から見るのと、顧客の立場から見るのとでは、異なる意味を持ってくる。「視野」とは、「どこまで見るか」という範囲を指す。時間軸で言えば、1年以内の短期のみを見るのか、1～3年程度の中期で見るのか、3～10年といった長期で見るのかによって、いまやるべきことが変わってくるかもしれない。そして「視点」とは、「何を見るか」という対象を指す。「業績はよいか？」という質問に答えるためには、何を見るのかという「視点」を決める必要

図表6－13　視座・視野・視点

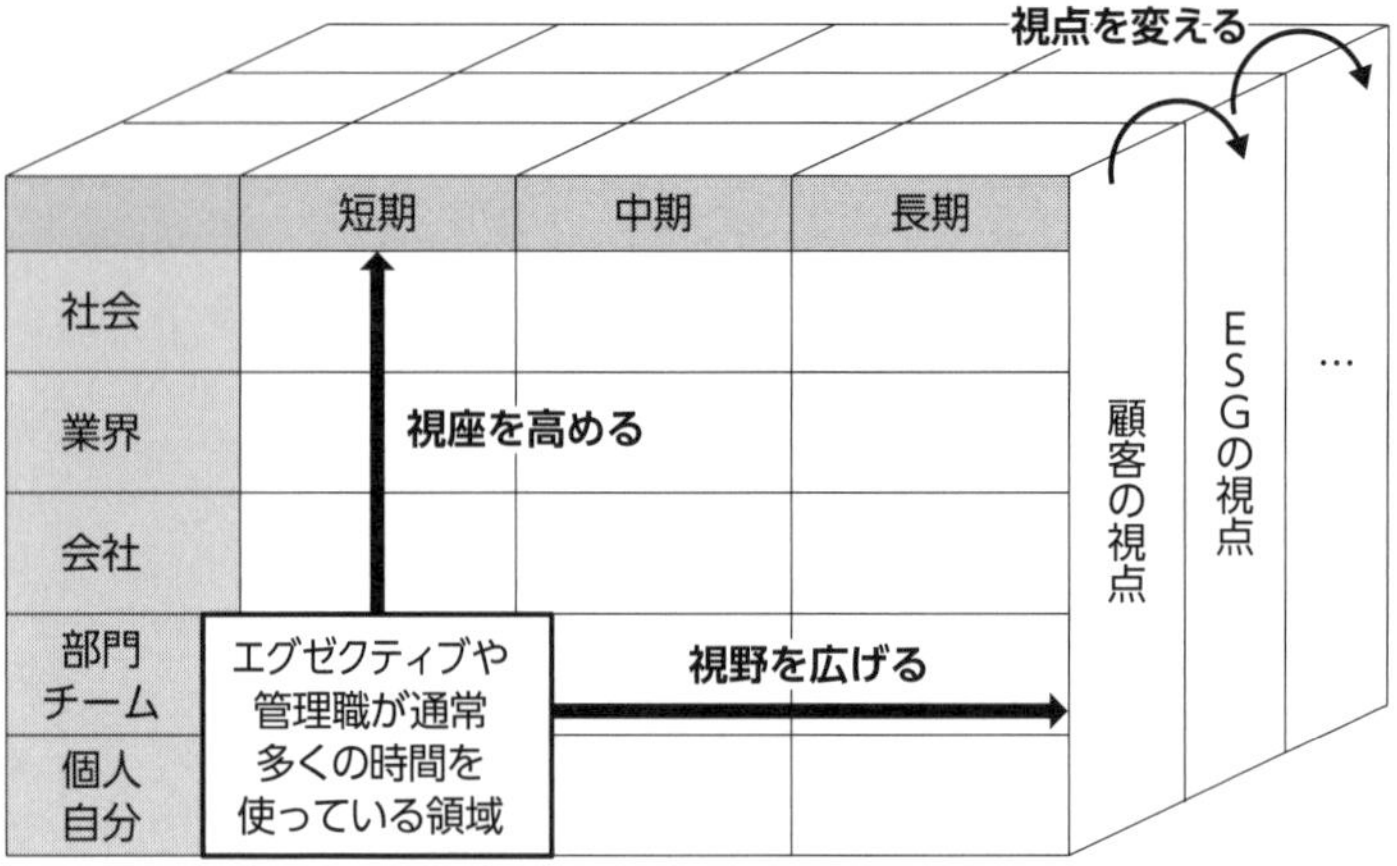

がある。売上、営業利益、経常利益、純利益といったように、業績ひとつとっても、どこに着目するかによって評価は変わってくる（図表6－13）。視野を「魚の眼」、視座を「鳥の眼」と表現することもある。ちなみに「虫の眼」というのは、いわば顕微鏡のように対象物を高い解像度で観察すること、つまり対象について抽象的なものを具体的なものに分解し、詳細（ディテール）まで調査・分析する姿勢で観察することを指す。「神は細部に宿る」という言葉があるが、細かい部分にまで徹底してこだわることで、仕事のアウトプットやパフォーマンスの品質・精度を高めることにつながる。

　視座を高め、視野を広げ、視点を変える質問とは、例えば次のようなものだ。

質問の例

［視座を高める質問］

あなたの上司なら、どのようなアドバイスをすると思いますか？

あなたの会社の社長なら、どう判断すると思いますか？

［視野を広げる質問］

10年後の事業環境から考えると、いまの事業はどんな意義を持ちますか？

チームの目標が達成されると、部門全体にはどんなポジティブな影響力をもたらすことができると思いますか？

［視点を変える質問］

ESGの視点から考えると、よりよいサービスを開発するために、自社のサービスに対してどんな要望・リクエストをしますか？

あなたが競合他社の経営幹部だとしたら、あなたが現在所属する会社に打ち勝つために、どんな戦略を打ち出しますか？

「破壊的質問力」を高めるコツ

相手の思考の枠を外し、考えてもみなかったような角度から投げかける、強烈なインパクトを与える質問を、私は「破壊的質問」と名づけ、長年「破壊的質問力を身につける」ことをテーマにした講座・セミナーを開催してきた。「破壊的」という言葉は、この部分だけを切り取るとネガティブな印象を持つかもしれないが、ハーバード・ビジネス・スクールの故クレイトン・クリステンセン教授の名著『イノベーションのジレンマ』（玉田俊平太監修、伊豆原弓訳、翔泳社）、『イノベーションのＤＮＡ』（櫻井祐子訳、同）でも使われた「破壊的イノベーション」へのオマージュとして使わせていただいたのがきっかけだ。

「破壊的質問力を身につける」をテーマにした講座・セミナーの中で、最も多かった受講者からの質問は次のようなものだ。

「破壊的質問力を身につけるためのコツはありますか？」

私の答えはいつも同じで、２つある。

ひとつは、**「オリジナルの質問集を作成すること」**。もうひとつは、**「自身が相手に投げかけた質問について、相手から積極的にフィードバックをもらうこと」**。

まず、オリジナルの質問集を作成することから考えたい。ここで先にお伝えしておきたいのは、**「この質問をすれば、絶対に相手の度肝を抜くことができる、というような伝家の宝刀のような質問はこの世には存在しない」**ということだ。それは、その質問が相手にとって破壊的であるか、相手にとって「刺さる」質問であるかは、相手の置かれた状況や、そのときの感情などの要素によって異なるからだ。例えば、次のような質問をされたら、あなたはどんなインパクトを受けるだろうか？

「あなたはいま、心の底からやりたいことに取り組むことができていますか？」

この質問は相手（＝質問される側）にとって「破壊的」にもなり得るが、まったく「破壊的」にならない場合もある。

例えば、あなた自身がいま毎日悶々とした気持ちで、「自分は本当にこのままでいいのだろうか？」「いまの仕事が本当に自分のやりたいことなのだろうか？」などと悩みや迷いを持ちながら仕事に取り組んでいるとすれば、前述の質問「あなたはいま、心の底からやりたいことに取り組むことができていますか？」は少なからず相手にとって一定の「破壊力」を持つ。

一方で、あなた自身が自らのキャリアについて明確な軸を持ち、明確な将来ビジョンやミッシ

図表6－14　質問の意図と質問例の対応表

質問の意図（種類）	質問例
視点・視座・視野を変える	●競合他社から見ると、どのように見えますか？ ●5年後から考えると、どんな準備が必要ですか？ ●あなたが社長だったら、どのような判断をしますか？
核心を突く	●あなたは本当はどうしたいのですか？ ●あなたの本気度はどのくらいですか？ ●立てた計画の達成についてコミットできますか？
振り返り	●ここまで話してみて、どんなことに気づきましたか？ ●今日1日の活動で学んだことは何ですか？ ●期初に立てた目標はどの程度達成できましたか？

ョンに基づいて毎日充実した生活を送り、イキイキと仕事に取り組めているとすれば、前述の質問に対しては、「心配いただかなくても、私はやりたいことに取り組めていますよ。以上」となり、まったく破壊力を持たなくなる。

コーチングセッションにおける対話は、コーチとクライアントとの言葉のキャッチボールが連続的に行われるため、クライアントに質問を投げかけるコーチは瞬時に（具体的には、1秒以下のゼロコンマ数秒程度の時間以内に）クライアントにとって効果的だと思われる質問を投げかけられるようにならなければならない。そのために必要なことが、あなた自身の中に「**質問のバリエーションを増やす**」ことだ。

図表6－14を見ていただきたい。非常に重要なのは、「意図を持って」質問することだ。どういうことか。

例えば、あなた自身がコーチとしてクライアントに関わるなかで、クライアントが「思考の枠」にとらわれていると感じ、「クライアントは自身の先入観や固定観念にとらわれているから、それらを取り払うために、『視点を変える質問』を投げかけてみよう」と考えたとする。この場合の「意図を持って質問する」の「意図」とは、「視点を変える」ことを指す。「意図」を具体的にリストアップすると、代表的なものに次のようなものが挙げられるが、無数に列挙することも可能だ。

質問の意図（種類）

- ◆ビジョンを明確にする
- ◆視点を変える
- ◆核心を突く
- ◆行動を促す
- ◆振り返り　など

例えばあなたが「視点を変える質問を相手に投げかけたい」と思ったときに、あなたが持っている質問のバリエーションの中に「視点を変える質問」がそもそも少なければ（あるいはバリエーション自体が存在しなければ）、クライアントとの対話の中で瞬時に的確な質問を投げかけることはできない。

サッカーにたとえれば、一流のサッカー選手が頭の中で「あそこにスルーパスを出したい」と思ったとき、脳内で、「どのような角度で、どのくらいの力で、どれくらいのタイミングで、どのようにボールを蹴れば狙ったところにスルーパスを出せるか」などといちいち論理的に考えたうえでボールを蹴っているわけではないことに似ている。

サッカーの試合におけるボール運びを、ピッチ上でプレーする選手がじっくり待ってくれないのと同様、コーチングにおける言葉という「ボール運び」においても、残念ながら相手は待ってくれない。仮に待ってくれる場合、コーチングにおいてはコーチとクライアントとの間に「沈黙」が発生することになるが、相手が許容できる沈黙にも限界があり、コーチ側の沈黙が長すぎると、クライアントは「もしかするといま、コーチは困っているのかな」「コーチは次にどんな質問をすればいいか、分からないでいるのかな」と捉えてしまい、結果としてクライアントを不安にさせてしまうかもしれない。

意図に合った質問を瞬時に繰り出せるようにするためには、コーチが充実した質問のバリエーションを一定数持っていることが重要であることをご理解いただけただろうか。

質問のバリエーションを増やす方法はいくらでもある。職場における1on1で上司から投げかけられた質問で印象に残ったものや、思考が深まった質問があれば、それを手元の質問リストに書き加えるのもいい。あるいは、ビジネス書などからピックアップするのも有効だ。ポイントとして大事なのは、**質問スキルなどがまとめて書かれた書籍の「質問集」を丸暗記するのではなく、あくまでも読者の皆さん自身が自ら「使える」と思った質問を「マイ・オリジナル質問集」に加えていく**ことだ。自分で書いた質問を実際に対話の中で試してみて、しっくりきたら「マイ・オリジナル質問集」に残しておき、しっくりこなければ質問集には入れない。そんな作業を繰り返すだけでも、あっという間に蓄積される質問の数は数百に及ぶと思う。

もうひとつは、「自身が相手に投げかけた質問について、相手から積極的にフィードバックをもらうこと」だ。いまならスマートフォン（スマホ）やボイスレコーダー、あるいはオンラインの対話であれば、ＺｏｏｍなどのＷｅｂ会議システムのレコーディング機能を使えば、自身の対話を簡単に録音し、記録として残すことができる。こうして自身がどんな質問をどのタイミングで投げかけ、その質問は相手にどんなインパクトをもたらしたのか、ある程度独力で検証することができる。

しかし、最も学びが多いのは、クライアント自身がその質問を投げかけられてどのようなインパクトを受けたかを、直接クライアント本人に聞いてみることだ。その質問が破壊的（＝相手にとって効果的）であれば、クライアントはきっと、「〇〇の質問をされて、ハッとさせられた」とか「質問されて、心にフタをしていたものが一気に外される感じがして、ドキッとした」といったような感想を返してくれるに違いない。

傾聴の本質は「相手を理解し、相手の考えを受け止めること」

ビジネスコーチングに限らず、相手とのコミュニケーションにおいて傾聴することが大事であることは、多くの読者の方が理解していることだろう。しかしながら、多くの方が理解しているのは、あくまでも「頭で理解している」レベルであって、実際に体現できているかは別問題だ。

書店に並ぶコミュニケーション関連本を手に取れば、「相手にペースを合わせるペーシング」「うなずきやあいづち」「相手の話を最後まで遮らずに聞く」といったことが重要であると書かれている。しかし、それらは傾聴するためのスキルであって、本質ではない。実際には、あなたが本気で傾聴していなかったとしても、上辺だけで相手にペースを合わせる「そぶり」をしたり、本当は全然相手の話に共感できないけれど、表面上だけ「うなずきやあいづち」をする「そぶり」をしたり、「相手の話を最後まで遮らずに聞く」ことについても「そぶり」をすることはいくらでも可能であり、それらをテクニックとして実施することを傾聴だと思い込んでしまっている残念な人たちが一定数存在するのも事実だ。

ビジネスコーチングのシーンのみならず、日常会話においても、相手の話に100%意識を向けて、真の傾聴を実践することは極めて難しい。多くの人が傾聴する「ふり」をしながら、実は無意識のうちにやっていることがある。それが何かお分かりだろうか。

それは、「頭の中で『次に、どんな価値ある発言をしようか』と考えながら相手の話を聞く」

ことだ。

「いやいや、そんなことを言われても、次に言うべきことを考えながら話さないとコミュニケーションが続かないでしょ」と思った方もいるだろう。しかし、相手の話に100％意識を向けることができたからこそ、相手の心に深く突き刺さる「いま目の前にいる相手のための、たったひとつの質問」を繰り出すことができるのもまた事実なのだ。

相手の話に100％の意識を向けるために必要なことは、「相手の話をただ聞く」「相手が話している間は『次に何を言うべきか』を考えることは、いったん脇に置いておく」ことを実践する以外にない。日常生活において、あるいは日々の仕事におけるコミュニケーションにおいて、相手と理解が異なることや意見が異なるというのは日常茶飯事だが、周囲の人と良好な関係性を維持できる人と、そうでない人との違いは、実はこうしたちょっとした聞き方の違いからきていることが少なくない。

大きな仕事を成し遂げるためには、多くの人の協力を得なければならず、多くの人の協力を得るためには、彼らと良好な関係性を築く必要がある。そのことを、成功する人は深いレベルで理解している。例えば、ある課題に対する解決策を検討しているときに、あなた自身は解決策Aがベストだと思っているものの、相手は解決策Bのほうがいいと思っている場合に、どのように折り合いをつけていくか。こうしたシーンにおけるちょっとした対応・リアクションの違いで、相手との関係性は良好にもなるし、いとも簡単に関係性が悪化することにもなる。周囲の人と良好な関係性を維持できる人の「心の声」と、周囲の人と良好な関係性を維持することが難しい人の「心の声」は次のような感じだ。

周囲の人と良好な関係性を維持することが難しい人の「心の声」

「解決策Aのほうがいいに決まっているじゃないか！」
「ホント、頭固い人だよな〜。解決策Bでは絶対にうまくいくはずがない！」
「理由はいいから解決策Aでまずやってみようよ！」

周囲の人と良好な関係性を維持することができる人の「心の声」

「なぜ、この人は解決策Bのほうがいいと思っているんだろうか？　もう少し掘り下げて相手の話を聞いてみると、この人が解決策Bを採用したい理由が分かるかもしれない」
「本当に私の考え方（解決策A）のほうが正しいのだろうか？　実は私自身の思い込みで、私の考え方（解決策A）のほうが間違っているということはないだろうか？」
「解決策Bよりも解決策Aのほうが望ましいことを相手の感情を損ねることなく相手が納

得する形で伝えるためには、どのような伝え方をするとよいだろうか?」

決定的な違いは、相手の発言の「結論」だけを考慮するのか、「相手がどのようなプロセスでその結論に至ったのか」をも含めて相手に対する敬意を持ちながら解決策を模索していくのか、という点だ。相手はこれまで生きてきた人生の時間、これまでの経験で得た知識と学び、思考プロセスを総動員して解決策Bを導いているのと同様、あなた自身も、これまで生きてきた人生の時間、これまでの経験で得た知識と学び、思考プロセスを総動員して解決策Aを導いている（判断や意思決定のすべてがこれまでの人生の時間すべてを総動員して行われているという意味ではない）。

なぜ、そのような結論や考えに至ったのか、というプロセスに関心を寄せ、結論や考えに至るプロセスについても理解しようと努める聞き手の真摯な姿勢は、話し手の心に響く。それこそが「相手を理解し、相手の考えを受け止めること」となるからだ。最終的に相手の意見を不採用とする場合においても、相手の意見に対して背景も含めて十分な理解が示されたうえでの結論と、相手の異なる意見の背景を詳しく聞くことがないまま頭ごなしに否定されてしまうこととの間には、大きな差がある。そして、その差が相手に与える心理的影響の差はさらに大きくなる。

傾聴の本質は、「相手を理解し、相手を受け止めること」だ。「受け入れる」「受け入れない」の前にまず、「受け止める」があってはじめて、相手との信頼関係を構築することができるのだ。

いまこそ求められている「存在に対する承認」

　私たちはコロナ禍を経験し、人との物理的な距離が一気に広がった。それにより、承認が持つ意味合いも変わりつつあり、ソーシャルディスタンスが日常となったからこそ、「存在に対する承認」の重要性が増してきている。

　コロナショック当初にニューノーマル（新常態）と呼ばれたリモートワークが、もはやノーマル（日常）となっている人も少なくない。かつては職場に行けば当たり前に上司や同僚や部下がいたが、いまは、自分が職場に行っても、上司や同僚や部下が在宅ワークで職場に不在、といった環境が当たり前になった。在宅ワークが中心の方の場合は、朝から晩まで、顔を合わせるのは家族だけという日が増え、独り暮らしの方の場合は、外出しない限りは誰にも会わない日も少なからずあるかもしれない。

　同じ職場で空間を共にしていれば、誰かが声をかけてくれたり、向こうから挨拶してくれたりすることはごく自然な光景だが、リモートワークやオンラインの場合では、そうしたシーン自体が失われたため、**自ら積極的に相手を承認し、相手から承認されるシーンを意識的につくらない限り、承認する相手もいなければ、承認してくれる相手もいなくなった。**いまほど「存在に対する承認」が求められている時代はなかったのではないだろうか。

コロナ禍を経て、孤独感や孤立感を抱く人が増えた事実は、存在に対する承認の重要性が増していることの証左だ。「褒める」といった相手が取った「行動」に対して承認することを「行動（行為）に対する承認」と呼ぶのに対して、「挨拶する」とか「変化に気づく」といった相手がそこに存在していること自体に対して承認することを「存在に対する承認」と呼ぶ。Ｗｅｂ会議システムなどを使った打ち合わせでは、オリジナリティある壁紙を使っている相手に対して「面白い壁紙ですね！」といった言葉で承認するコミュニケーションも当たり前になったのではないだろうか。

同じ空間にいれば、すれ違いざまに「おつかれさまです」と声を掛け合うシーンが当たり前の光景だったが、オンラインの場合は、パソコンを立ち上げて、Ｗｅｂ会議システムを立ち上げるという能動的なアクションを伴わない限りは、そういった声を掛け合う「承認シーン」に居合わせること自体が難しくなった。用事がなくても電話したりメールしたりチャットしたりＬＩＮＥを送ったりする人は、リモートワークになってもそれを継続しているかもしれないが、用事がない限り相手に連絡を取らない人たちは、さらにコミュニケーション機会が少なくなっている。送られてくるメールや部下が提出してくる週報に対してなんらかのリアクションをすることも、相手にとっての大きな存在に対する承認となるのだ。

クライアントのビジネスコーチングの受け方

ここまでかなりの紙幅を割いて、クライアントの成長とよりよいビジネス成果につなげるために、どのような方法やアプローチでビジネスコーチングを実施するか、という「実施する側」からの視点で書いてきた。しかし、**ビジネスコーチングを真の成果につなげるためには、「受ける側」の姿勢やスタンス、問題意識も極めて重要**となることについて触れておきたい。ビジネスコーチングの時間を最大限有意義なものにするために、「ビジネスコーチング」を受ける側がやるべきこととして重要なことをひとつだけ挙げるとすれば、それは何だろうか。

それは「コーチングセッションの時間の中で得たいこと」をセッション開始前に「受ける側」のクライアントが自分の中である程度明確にイメージしておくことだ。では、「ある程度」とはどの程度を指すのだろうか。例えば、以下のような感じだ。

得たいことの例1

様々な角度から思考の枠を広げる「質問」をしてもらうことにより、視座を高め、視野を広げ、何かしらの「気づき」を得たい等

（＝コーチング的アプローチを期待）

得たいことの例2

○○の領域についての知識・引き出しを増やしたい、○○の領域についての推薦図書を知りたい等

（＝ティーチング的アプローチを期待）

得たいことの例3

自身の魅力や強み、改善点を第三者の視点から伝えてもらいたい

（＝フィードバックを期待）

得たいことの例4

営業やコーチングの訓練・練習を行い、担当コーチから顧客役・クライアント役として客観的なフィードバックがほしい

（＝ロールプレイ＆フィードバックを期待）

いまから始まるコーチングの時間で、「どんな成果が得られれば自身にとって有意義か」について「受ける側」がイメージを持てているからこそ、コーチングの時間を「有意義な時間」にすることができる。つまり、今回のコーチングセッションの時間でコーチにどのような関わり方を

期待したいか（＝コーチング、ティーチング、フィードバック、その他）を事前に伝えると、より的確なコーチングを受けることができ、よりよい成果につながりやすい。

また、クライアントとしてビジネスコーチングの時間を最大限有意義な時間にするためにはどのようなスタンスで臨むと効果的だろうか。ポイントは2つある。

ポイント①　本音で話す（思ったことを率直に言う）
ポイント②　クライアント自身がコントロールできることを話す

ポイント①の「本音で話す」うえでの大前提として、ビジネスコーチとクライアントとの間の強い信頼関係が必要であるが、信頼関係構築のためには、ビジネスコーチがクライアントに対して敬意を持って接することや、クライアントに寄り添ったコミュニケーションが図れることが条件となる。

そもそも、コーチングが「気づき」をもたらすのは、「オートクライン」によるものであることは前述したが、オートクラインが起きることそのものが「コーチングの効果」というわけではない。コーチングでクライアントの「行動変容」につなげるうえで、もっと大事なことがある。それは「自己決定する」ことだ。「オートクライン」→「自分で気づく」→「自己決定する」こと

自分自身で決めたことのほうがモチベーションが上がり、自発的行動につながりやすくなる。が最大のポイントなのだ。**同じアイデアでも、他人から言われたことよりも自分自身で気づいて**

ありがちな「もったいない時間の使い方」としては、例えば「私はこうなりたいとか、こういう目標を実現したい、といったものがないので、話したいテーマも特に浮かばないんですが」というようなクライアントのスタンスだ。クライアントがこういう姿勢でコーチングセッションに臨んでいる以上、どんなに優れたコーチであっても、卓越したコーチングスキルを有していたとしても、そのコーチングの時間が無駄になってしまう可能性がある。たとえて言えば、タクシーを呼び止めておいて、「お客さま、どちらまで行かれますか？」と聞いてくるタクシーの運転手に対して、「あのぉ、特に行きたいところはないんですけどぉ」と答える乗客と同じだ。

もしこのようなケースが生じた場合、どうすればよいか。「『腹落ちする』目標設定をする」「キャリアプランを明確にする」といったこと自体をコーチングのテーマにすることで、コーチングセッションを充実した内容にすることもできる。

私は20代後半に、あるグローバル企業に対するコンサルティングプロジェクトで半年間ほどシリコンバレー（正確には、サンフランシスコとサンノゼの間のサニーベールという街）に駐在したことがあったが、そのときに上司に言われたアドバイスにこんな言葉があった。

「Manage your manager」

つまり、「上司を（部下のあなたが）マネージしなさい」という言葉だ。

何か困ったことや聞きたいことがあれば、上司からの関与を待つのではなく、部下のあなたから積極的に声をかけ、上司を巻き込みなさい、といったニュアンスである。ビジネスコーチングにおける成果をより充実したものにするためには、「Manage your Businesscoach：ビジネスコーチを（クライアントのあなたが）マネージしなさい」の姿勢が不可欠ということである。

ビジネスコーチングにおける「間主観」

現象学・哲学には「間主観」「間主観性」という言葉がある。それぞれ「カンシュカン」「カンシュカンセイ」と読む。辞書的な定義は「それぞれ自己意識を持つ複数の個別的主観の間の関連を問題にする見地」というものだが、難解で理解できない。ビジネスコーチングに置き換えて平たく言えば、自分にとっての世界と、相手にとっての世界は同じなのか、異なるのか、という問いに対して、誰もが腹落ちする説明をすることは難しいものの、ビジネスコーチングが「対話」を通じて思考を深め、行動変容につなげるアプローチである以上、ビジネスコーチングという行為が結果的に「言葉」というツールを使って自分と相手の主観を擦り合わせる「間主観」を言語化するプロセスであることを認識する必要があるということだ。

例えば、筆者自身が管理職に対するコーチングセッションにおいて、よく耳にする管理職の問題意識・悩みが凝縮された言葉がある。それは、次のようなフレーズだ。

「部下が自分で考えないんですよね……」

ここで重視すべきは、「考える」という言葉の持つ具体的な内容だ。「『自分で考える』とは具体的にどのような意味ですか？」とクライアントに聞くと、クライアントの数だけ回答の内容は異なってくる。

例えば、以下のような具合だ。

「自分で考える」とは、「上司から言われなくても、自ら課題を見つけて、解決策を考えること」。

「自分で考える」とは、「ルールやマニュアルがなくても、自身の判断基準に基づいて、どうすべきかを導き出すこと」。

「自分で考える」とは、「『どうしましょうか？』と上司に尋ねるのではなく、『こうしたいんですけどよろしいでしょうか？』と具体的に提案すること」。

このような問題意識や悩みを持つ管理職にありがちなのは、「考える」という行為について上司と部下との間で共通理解が得られていない点だ。部下は「自分で考える」ということが何を意味しているのか理解できていないため、何をどうすればよいかを考えることもできない。一方で、上司のほうは、自分自身が「自分で考える」という行為をなんの苦もなく実践できていることから、「自分で考える」という言葉を「説明不要な自明の理《ことわり》」と思い込んでしまい、部下に対してその意味合いや、どうすれば「自分で考える」を実行できるようになるのかについて丁寧な説明を端折ってしまう。

同じ文化・同じ言語の者同士でも、ひとつの言葉が持つ意味合いや概念について共通理解を持つことは難しいものだが、これが例えば国境を越えた異文化コミュニケーションとなればさらに難しい。**ビジネスコーチングのセッションを質の高いものとするためには、相手が使う言葉に、相手はどのような「意味合い」を持たせているのかを、ビジネスコーチ側が理解しようとする姿勢が欠かせない。**

第6章のポイント

- ビジネスコーチングは「思考を変える」「行動を変える」「成果につなげる」という3つのフェーズに分けられる。
- ビジネスコーチングとパーソナルコーチングの大きな違いは、前者が「クライアントシステム」を扱うことにある。「クライアントシステム」とは、上司・同僚・部下といった社内のステークホルダーをはじめ、クライアントが所属する組織のパーパスや風土なども含まれる。クライアントシステムは複雑であり、不透明であり、可変的であり、政治的なものだ。クライアントの思考と行動は、「クライアントシステム」に影響を与える一方で、「クライアントシステム」から影響を受ける。

- ビジネスコーチングのステップでは、パーソナルコーチングにおける7ステップに加えて、「クライアントシステム」を映像化してイメージすることが重要となる。
- 視座を高め、視野を広げ、視点を変えるためには、質問の「意図」を明確にしたうえで、質問の技術が必要となる。
- 相手の意見を「受け入れる」か「受け入れない」かの前に、「受け止める」があってはじめて、相手との信頼関係を維持することができる。
- ビジネスコーチングの成果を最大化するためには、ビジネスコーチングのスキルやアプローチに加えて、ビジネスコーチングを「受ける側」の姿勢や問題意識が重要となる。

第6章に関する簡単なワーク（演習）

Q1 ビジネスコーチングの各フェーズにおいて、ビジネスコーチとして留意すべきことがあるとすれば何だろうか？　クライアントが次のフェーズに進むためのポイントがあるとすれば何だろうか？

Q2 あなたにとっての「クライアントシステム」にはどのようなものがあるだろうか？　また、それはあなた自身の仕事やパフォーマンスにどのような影響を与えているだろうか？

Q3 傾聴することの本質とは何だろうか？「受け入れる」と「受け止める」の違いは何だろうか？

Q4 ビジネスコーチングの質を高めるために、「受ける側」はどのようなことを意識すべきだろうか？　またよりよい成果につなげるために、ビジネスコーチとしてあらかじめクライアントに伝えたり、リクエストしたりすることがあるとすれば、それはどんなことだろうか？

THE COMPLETE BIBLE OF BUSINESS COACHING

第7章

ビジネスコーチングの本質

7

ビジネスコーチングで、自ら考え、自ら律する人材を育成する「仕組み」をつくる

ここまで見てきたように、ビジネスコーチングには基本的な構造があり、アプローチがあり、メソッドがあるが、クライアントの要求通りにコーチングセッションを進めていき、即効性や処方箋的なハウツーにとらわれすぎると真の成果にはつながらないことがある。

例えば、四六時中仕事に追われ、時間に追われているクライアントに対して、いかにタイムマネジメントを改善するか、いかに立ち止まる時間を確保するか、といった課題の解決に向けてコーチングセッションを進めていくことは決して間違いではないが、毎回そうした「目先の課題」の解決ばかりを行っていると、いわゆる「対症療法」的なアプローチに終始することとなり、肝心かなめの本質を見失ってしまうことになりかねない。本質というのは、中長期的な意味でのクライアントのビジネスの成功であり、クライアントの人生の成功だ。

ここまで本書を読んでくださっている読者の方の最大の関心事は、自身の職場や部下育成のシーンにおいて、どのようにビジネスコーチングを実践すればよいか、という具体的な実践方法ではないだろうか。

あなたがどんなに卓越したビジネスコーチだったとしても、一度に対応できる（または担当できる）コーチング対象人数は限られており、ビジネスコーチングにより個人が貢献できる範囲に

はおのずと限界がある。しかしながら、一個人での対応キャパシティに限界があっても、ビジネスコーチングのカルチャーを組織の中に構築することは十分可能であり、日々の職場でのコミュニケーションにおいてビジネスコーチングの手法を効果的に取り入れていくことで、「自ら考え、自ら律する人材を育成する」ことにつながり、それが「仕組み」となれば、持続的（サステナブル）なものとなる。

プロスポーツの世界に限らず、ビジネスの世界においても、一流の指導者は、相手の魅力や想い、能力を十分に把握したうえで、それを最大限に引き出し、最大限に生かすことができる人である。それを「仕組み」として「再現可能なシステム」にまで昇華させることができれば、その人はすでに指導者として超一流と呼べるのではないだろうか。

この章では、巷にあふれるコーチングに関する「テクニック」論とは一線を画して、どのような形でビジネスコーチングを「現場」で実践し、活用していくべきかについて考えたい。

即効性や処方箋的なハウツーにとらわれすぎると真の成果につながらない

私はこれまでに、1対1でのコーチングセッションも含めると、ビジネスコーチングを多くの職場で活用・実践していただくための研修やワークショップの実施のために、実に1万時間を超える時間を割いてきた。研修では、いわゆる「ビジネスコーチングスキル」を受講者に対して伝えるわけだが、いつも私の脳裏によぎる疑問がある。それは、「ビジネスコーチングのスキルをお伝えするだけで、果たして十分なのだろうか」という素朴な疑問だ。

ビジネスコーチングの対象となる相手や部下やクライアントをきちんと観察することは確かに重要ではあるし、承認し、傾聴し、質問するといったスキルを駆使して相手に接することも確かに大切ではある。しかし、そうしたハウツーにとらわれすぎると真の成果には決してつながらない。私自身が研修において受講者の方からよく聞かれる質問のひとつに、次のようなものがある。

よくある質問

コーチングスキルを使って相手から「引き出す」アプローチは、まわりくどくて非効率だと感じます。コーチ（あるいは上司）が「正解」を知っているのなら、相手にヒントを出しながら正解に導いていくアプローチもあると思いますが、この点についてはどのように考えればよいでしょうか？

コーチングやビジネスコーチングを学ばれる方の多くが持つ疑問のひとつだが、この問いに答えるためには、コーチング対象となる相手や部下やクライアントに中長期的にどのような人物・存在になってほしいと思うか、というコーチ自身の相手に対するビジョンが欠かせない。

例えば、3～5年後にコーチ（あるいは上司）が、目の前のクライアント（あるいは部下）に対して、自ら考え、自ら律することができる、いわゆる「自律型人材」になってほしいと心底願っているのであれば、コーチがたとえ「正解」を知っていたとしても、あえてすぐさまそれを示すことはせず、クライアント自身に考えさせる、コーチとして相手が自ら答えを出すことをじっくり待つ、という選択になるかもしれない。一方で、クライアントが抱える課題の解決が緊急かつ重要なものであり、相手にいちいち考えさせる一切の猶予すらないような緊迫した状況においては、「正解」を知っているコーチからクライアントに対してあえて正解を指し示すというティーチングのアプローチを取る選択もあり得る。

ここで強調したいのは、こうしたシーンにおいて重要なことはコーチングスキルそのものをどう発揮するかではなく、コーチがクライアントをどのような方向に導いていきたいか、という相手に関する「育成ビジョン」ではないかということだ。

1on1における「モード切り替え」で相手の本領発揮を支援する

働き方改革が推進される真っ只中に起きたコロナショックにより、多くの企業・組織がリモートワークを余儀なくされ、組織のマネジメントの難度が増し、コミュニケーション不足になったことも相まって、1on1の導入が一気に加速したことについてはすでに述べた。ビジネスコーチングの手法を活用しやすいシーンのひとつが、職場における1on1の時間だ。

日本で始まった2020年3月からのコロナ禍も、本書執筆時点で3年目という想定外の長期に及ぶこととなり、読者の皆さんの中にも、対面での「リアル」なコミュニケーションに対する枯渇感や、テレワークならではの孤独感、息が詰まるような特有のストレスにいまなお押しつぶされそうになっている方が少なからずいるのではないだろうか。

そうした背景もあり、コロナショック前と比べると、1on1に期待される役割も徐々に変わってきている。コロナショック前の1on1に最も期待されていたことは「部下の成長支援」だった。ところがコロナショック以降、長引くリモートワークで、企業や組織における雑談のようなコミュニケーション機会が失われたことによって、1on1の時間自体がそうした雑談タイムに充てられることもあれば、コロナ前であれば難なくできていたホウレンソウ（報告・連絡・相談）が1on1のコミュニケーション機会で当たり前のように実践されるようにもなっている。


私が経営に携わるビジネスコーチ株式会社では、これまで1on1やビジネスコーチング導入の支援をさせていただいた企業・組織のほとんどすべてのケースで、部下側・クライアント側の満足度をアンケートやアセスメントを活用して測定し、データを蓄積してきている。その中で、部下やクライアントの満足度が高い上司・コーチに共通する要素のひとつは、「相手に合わせる」ことができるかどうか、という点だ。

「知りたい」ことがある相手に対しては、「ティーチング」のモードで関わり、「鋭い問いかけをもらって、考えさせてほしい、（アイデアを）引き出してほしい」と思う相手に対しては、「コーチング」のモードで関わり、「本人は気づいていないけれども、第三者からは見えている改善点について指摘してほしい」と思う相手に対しては、「フィードバック」のモードで関わる、という具合だ。あるいは、昨日まで体調を崩しており寝込んでいた相手に対しては、いきなり「今日はどんなテーマで話す？」という紋切型の対話スタートではなく、「ちょっと疲れているように見えるけど、何かありました？」と気遣いをしたり、根を詰めすぎてハードワークが続いている生真面目な性格の相手に対しては、「今日の1on1では、仕事のことはいったん脇に置いておいて、ちょっとプライベートなことについて肩の力を抜いて話さない？」と、相手をリラックスさせる言葉を投げかけたり……、そうした様々な「引き出し」を相手と状況に応じて自在に使い分けることができるコーチや上司は、どんなクライアントや部下からも信頼され、支持される。

「相手に合わせる」ことは、むろん無意識のうちにできてしまう人もいないわけではない。しかし、多くの優秀な上司やコーチは、意識的に相手に合わせているのだ。そのためにはもちろん、「コーチング」や「フィードバック」といったコミュニケーション技術も重要ではあるが、それ以上に重要なことがある。それは、**相手の心理的な抵抗を取り除き、心の底から安心して本音で話ができる雰囲気づくりや環境を用意することだ。それが相手の本領発揮を支援することにつながる。**

学習する組織をつくるためには、その組織における心理的安全性が重要となるが、ハイレベルな組織ほど、高い水準に向けたチャレンジが求められるため、どうしても時間の経過とともに、先頭集団と第2グループ以下に分かれてしまう。そのこと自体が問題なのではなく、第2グループ以下にいるメンバーが、あきらめてしまったり、「いま苦しいから、助けてほしい」と声を上げることができなかったりするところに問題があるということを、経営者や管理者は認識する必要があるのではないだろうか。「相手に合わせる」ことができれば、相手がどのような状況にあっても、その人が安心して話せる場や雰囲気を醸成することができる。そして心のフタを取り外した状態で本音の対話を行うことで、本領発揮につながっていくのだ。

1on1では、相手にとって「引き出すモード」で関わることが望ましいシーンにおいて、意識的に「コーチングモード」に切り替えることがポイントだ。たったひとつの効果的な質問を投げかけることによって引き出されることもあれば、相手に対して親身になって寄り添うように傾聴することによって引き出されることもある。あるいは、沈黙しつつも深くうなずきながら相手の話に共感することによって引き出されることもあるのだ。**「相手の本領発揮を支援する」というスタンスで相手に関わる**ことで、こちらの想いが相手方にも伝わるのではないだろうか。

あなたは本気で質問され、本気で傾聴してもらったことがあるか？

人生は意思決定の連続であり、意思決定が「自らへの問い＋問いに対する答え」だとすると、**人生における意思決定をよりよいものにするためには、「答え」そのもの以上に、自らへの問いを良質なものにできるかどうかが重要**になってくる。「あみだくじ」において棒を1本付け加えるだけでたどり着くゴールがまったく変わるのと同じように、たったひとつの「本気の質問」「刺さる質問」「心にズシッとくる質問」によって、大きくその後の人生が変わる人もいる。相手の思考を深く促すためには、相手の考え方や目指す方向性について、本気で傾聴しなければならない。目の前にいる相手は、今日このときまでにどんな人生を生きてきて、いま、何に葛藤していて、これからどんな未来を歩んでいきたいと考えているのか。これらについて深いレベルで理解できているからこそ、相手の心に響く質問を投げかけることができる。

あなた自身はあなた以外の他人から「本気で質問」された経験があるだろうか？　あるいは、「本気で傾聴」してもらった記憶があるだろうか？　「本気で質問」された方にとって、その代表格となるのは次の質問だ。

「本当のところ、あなたはどうしたいの？」

実にシンプルではあるが、核心に迫る質問だ。

あなたの目をしっかり見つめて、このような質問を投げかけてくれて、あなたが発した答えがたとえ拙い考えであったとしても、全力でそれを受け止めてくれて、「ふ〜ん、そうなんだ〜。胸の内ではそんなことを考えていたんだね」「へ〜、そうなんだ。初めて聞いたよ！　それ、実現できたらすごいね〜」「う〜ん、実に素晴らしい志だね。その志が実現できるように微力ながら応援させてもらうよ！」などといった言葉を、上辺ではなく、心の底から発せられた言葉として相手が返してくれ、さらに質問によってあなたがやりたいことを深掘りしてくれたり、広げてくれたりしたら、あなたはどのように感じるだろうか。とても自分が承認された感じがするだろう。自己肯定感はぐんと高まり、たとえあなたが話した内容が実際に実現するまでに長い年月がかかるような壮大な夢や志についてだったとしても、少なくとも対話を行っている最中は、なんだか本当に実現できそうな感覚にとらわれるかもしれない。

人生のターニングポイントという言葉があるが、**ターニングポイントには必ず、あなたのことを気にかけて問いかけてくれた人がおり、あなたの意見を最後までしっかり聴いて受け止めてくれた人がおり、そしてあなたの意思決定を応援してくれた人がいるのではないだろうか。**あなた自身がこれまでの人生を振り返ってみたときに、誰がいつ、あなたに対して本気で質問してくれただろうか。誰がいつ、あなたの話を最後の最後までしっかり受け止めてくれただろうか。仮にそういう機会に恵まれなかったとしても、そうした機会はこれから、いまこの瞬間から、いくらでもつくり出していくことができるのだ。

今日からすぐに使える「週報における質問」

今日からすぐにビジネスコーチングの手法を手軽に活用したい読者の皆さんに、実践的方法をお伝えしたい。それは、「週報における質問」だ。「週報」という言葉の響きから、オールドタイプの情報共有ツールという印象を持たれる方もいるかもしれないが、たかが週報、されど週報。環境変化にスピーディかつ柔軟に対応していくためには、組織のメンバーが何を考え、どう行動し、どのような結果につながったのかをタイムリーに共有し理解することが、組織やそこで働くメンバーを進化させ、さらなる発展に導いていくことにつながる。

週報における質問（例）

Q1　うまくいったことは何か?
Q2　うまくいかなかったことは何か?
Q3　うまくいかなかった原因は何か?
Q4　次の一手は何か?

右の4つは、シンプルだが、人と組織を持続的に成長させるために大いに役立つ質問だ。
多くの組織でPDCAサイクルを回す活動が推進されていると思うが、こうしたシンプルな質問に対するチームメンバー全員分の回答を毎週読み込むだけでも、意識の持ち方次第で実に多くのことを「学習」することが可能となる。

「うまくいったこと」というのは「成功事例」であり、それが良質な内容であれば、組織における横展開が可能となり、再現可能な仕組みづくりのきっかけとなるかもしれない。「うまくいかなかったこと」は「失敗事例」であり、組織におけるコンプライアンス遵守の徹底のための再発防止策を考える契機になるかもしれない。

週報を「質問形式」で書くことの意義は、当該組織のメンバーが自律的に考える習慣を持つことにある。洗練されているが難解な質問、気取っていてカッコつけたような質問は、長い目で見ると組織の中に定着せず、決して長続きしない。人の記憶に残るシンプルな質問が毎週投げかけられることによって、その後の1週間、無意識のうちにその答えを探しながら仕事に取り組むようになる。

はじめのうちは、「うまくいったことは何か?」と聞かれても、何も思いつかないこともあるかもしれない。しかし、毎週毎週同じことを問い続けられることで、「今週うまくいったことは何だろうか?」という点について考えることになる（つまり「うまくいったこと」に対するレセプターが開くことになる）。また、そもそもどんな目標に向かって何をアウトプットすべきかが明確に意識されていなければ、「うまくいったこと」を言語化することができない、ということに気づくきっかけにもなるかもしれない。

自律型人材育成の本質は、「あなたらしい生き方、働き方」を実現すること

自律型人材育成の必要性が叫ばれて久しいが、私は、「何のための自律型人材の育成か」については案外あまり言語化されていないのではないかと感じている。

自ら考え、自らを律して活動できる人が求められているのは、主体的にチャレンジする姿勢を個々人が持たなければ、人や組織が新たな価値を生み出し続けることが難しいからだ。個人も組織も、これほど変化が激しい世の中において、「現状維持でよし」とするマインドでは、生き抜くこと自体が難しくなってきている。

主体的なチャレンジは常にうまくいくとは限らないが、主体的にチャレンジする姿勢を持ってさえいれば、仮に短期的には失敗に終わったとしても、再び主体的にチャレンジすることによって、いずれそれなりの成果にたどり着くことができる。成果にたどり着いた暁に、あなたが手にすることができるのは、ほかでもない「あなたらしい生き方、働き方」の実現である。仕事でよりよい成果を上げるための対話を掘り下げていくと、行きつくところは、「どう生きたいのか」という点なのだ。

コーチ　「今年一年、どんな成果を出したいですか？」

あなた　「う～ん、そうですね。今年度の目標を100％達成して、今年度が終わったときには、

心の底から充実感を得ていたいです！」

コーチ　「いいですね〜。今年度の目標を100％達成すると、どんないいことがありそうですか？」

あなた　「目標達成できれば、昇進できるし、給与もグンとアップが期待できると思います」

コーチ　「なんだか、いい表情になってきましたね！（笑）。給与が上がったら、何にお金を使いたいですか？」

あなた　「えー、なんだろう？　リモートワークが長期化しているので、もう少し快適に仕事するための『リモートワーク関連グッズ』を仕事部屋に一式取り揃えようかと思います！」

コーチ　「それもいいですね。無事に快適なリモートワークができる環境が整ったら、どんな働き方になりそうですか？」

あなた　「朝デスクについてから、もっと前向きな気持ちで生産性高く仕事ができるようになると思うので、残業も大幅に削減されて、終業後には趣味や自分の好きなことに思い切り時間を使えるんじゃないかと思います！」

自律型人材は、質の高い自問自答を繰り返すことによって、よりよい働き方、よりよい生き方を志向する。

「どうすれば、毎年ワクワクした気持ちを持ちながら、事業や組織を前の年の120％、130％成長させ続けることができるだろうか？」
「いまの労力・リソースの半分で。いまよりも高い成果を出すためには、どんな工夫の余地があるだろうか？」
「自身の志やビジョンを実現するためには、どんなスキルを磨けばよいだろうか？」

個人単位でも事業・組織単位においても、もはや量的な成長（例えば、売上や利益、時価総額を前年比何パーセント伸張させる、といった業績・財務的な指標における成長）だけを追求することは時代遅れになりつつある。「どれだけ数字を伸ばしたか」以上に、「質的にどれだけ充実を図ることができたか」、それが全世界で問われ始めているのだ。

個人単位で見れば、それはＱＯＬ（クオリティオブライフ）と表現され、地球規模のワールドワイドの単位で見れば、ＥＳＧやＳＤＧｓなどがそれに当たる。毎日の仕事を通じて、顧客に対して有形無形の価値を提供することは大事なことであるが、それと同じくらい、あなた自身が今日一日の仕事を通じて、それがあなたの人生にとって意味のある時間となっていたのか、あなた自身の将来に対して感動をもたらす仕事になっていたのか、が問われている。

第7章のポイント

- 1対1で実施する育成には限界がある。自ら考え、自ら律する人材を育成する「仕組みをつくる」ことが、人と組織の中長期的な成長には必要である。
- 相手が置かれた状況や解決したい課題に応じた「モードの切り替え」が必要。ティーチングが機能するためには、「教えてほしい」と思う相手の主体性、コーチングが機能するためには、「引き出してほしい」と思う相手の主体性、フィードバックが機能するためには「客観的に伝えてほしい」と思う相手の主体性が前提となる。
- あなたの人生におけるターニングポイントには、必ずあなたにとって「重要な問い」がある。
- 週報における質問は、自律的な組織をつくることに役立つ。
- 自律型人材がたどり着く最終目的地は、その人らしい働き方とその人らしい生き方を発見し、その人らしく生きること。

第7章に関する簡単なワーク（演習）

Q1 1on1などの仕組みをマンネリ化させず、組織内に浸透・定着させるためには、どのような工夫が必要だろうか？

Q2 あなたが自分のコーチだったら、あなたの人生における重要な局面において、どのような問いを投げかけてほしいだろうか？　また、その問いを投げかけられると、あなたの中でどのような反応が起きるだろうか？

Q3 あなた自身は自律型人材のひとりとして、どのような価値を社会に対して生み出したいだろうか？　また、あなたの周囲の自律型人材には、どんなチャレンジを期待するだろうか？

THE COMPLETE BIBLE OF
BUSINESS COACHING

第8章

「コーチングの神様」
マーシャル・
ゴールドスミス氏直伝、
リーダーの行動変容の神髄

8

マーシャル・ゴールドスミス氏との出会い

コーチングの神様と呼ばれているマーシャル・ゴールドスミス氏との出会いは、2008年。リーマンショックで世界中が混乱し始めていたまさにその頃、マーシャル（私は彼をそう呼んでいる）はわれわれの招きに応じて来日してくれた。2007年に私が経営に携わるビジネスコーチ株式会社の代表である細川馨と当時取締役の吉田有（2022年現在は退任し、ビジネスコーチ株式会社パートナーコーチ）、当時マーケティング担当だった青木裕（2022年現在は常務取締役マーケティング本部長）の3名がカナダのバンクーバーでビジネスコーチングに関するグローバル・カンファレンスに参加し、そこでマーシャルと出会ったことがきっかけだった。

私自身はこの場に同行することは適わなかったが、弊社メンバーがマーシャルに「日本でもエグゼクティブコーチングを広げていきたい。ぜひあなたの力を貸してほしい」と打診したところ、ふたつ返事でオーケーしてくれ、翌年、日本への招聘が実現した。マーシャルは仏教徒であり、熱心な親日家だったことも、われわれの招きを快諾してくれた理由だったようだ。

実際に2008年に来日した後も、2020年以降のコロナショックの前までは、2～3年に1回は日本に来て、多くの経営者や経営幹部クラスといったエグゼクティブ層や管理職層のために特別な講演・ワークショップを精力的に開催してくれた。

マーシャルは、ハーバードビジネスレビュー誌が選出する「Thinkers50（世界で影響力のあるビジネス思想家ベスト50）」で何度もトップ10入りしている人物で、特にリーダーシップ開発領域においては世界的権威のひとりだ。20世紀の最も偉大な経営学者と言われたピーター・ドラッカー氏の盟友であり、ピーター・ドラッカー財団の役員を務めていたこともある。いまでこそ360度フィードバックは企業や組織において活用されるアセスメントとして普通に知られた存在になっているが、まさに360度フィードバックの手法を駆使してリーダーシップ開発プログラムに取り組んだ「元祖」がマーシャルだ。2007年に日本経済新聞出版から刊行された著作『コーチングの神様が教える「できる人」の法則』（斎藤聖美訳）はベストセラーとなり、この本の刊行がきっかけでビジネスコーチングやエグゼクティブコーチングの存在を知った日本人も決して少なくない。

本章では、これまで何度も日本に足を運んでくれたマーシャルから直接学んだ多くの神髄の中でも、特にインパクトが強く、読者の皆さんにもすぐに活用いただける行動変容の神髄を厳選してお伝えしたい。

クライアントのエゴを解決する

リーダーが謙虚さを保つことは実に難しい。エグゼクティブコーチングの対象となる企業のトップや経営幹部は、往々にして強い成功体験を持っており、それがゆえに組織を率いる役職に就いている。そして、そうしたリーダーの行動変容を妨げる根っこにあるものが「エゴ」だ。

エゴは英語のｅｇｏのことで、「自尊心」「うぬぼれ」「自我」といった意味を持つ言葉であるが、もうひとつの意味として「利己主義」というものがある。「他人の迷惑を気にせず、自分の利益のためだけに行動する」のが利己主義だ。ここでは、エゴを後者、つまり利己主義という意味で用いることとする。前述したマーシャルの著作『コーチングの神様が教える「できる人」の法則』の原題は、エゴを捨てることの重要性が凝縮されているという意味において秀逸だ。

"What Got You Here Won't Get You There"

直訳すると、「あなたをここに連れてきたことは、あなたをそこへは連れていかない」。つまり、「あなたの過去の成功体験は、あなたの次のステージでの成功を約束しない」という意味になる。

例えば、一代で一大企業グループをつくりあげてきたようなカリスマオーナー経営者は、０（ゼロ）から事業を生み出し、0から1を生み出し、1から10に広げ、10を１００にまで成長させ、１００を１０００に育ててきたからこそ、一大企業グループという偉大な「成果」につながっている。よほど謙虚な心を持たない限り、「自分のたぐいまれなるビジネスセンスと実力のおかげでここまでの大規模な組織に育て上げることができた！」と思ってしまうのも無理はないかもしれない（もちろん偉大なカリスマ経営者の中にも謙虚さを忘れない優れた人間性を持った方は大勢いる）。

しかし、謙虚さを失ったリーダーの行きつく果ては、「社員など周囲の人間は自分の言う通りにやればいい」という利己主義であり、「私のやり方でやれば、絶対に成功する」「社員は私の言われた通りのことだけを実行すればいい」といった、他人の思考や感情を一切無視した（あるいは他人への配慮を欠いた）利己主義的な言動だ。もちろんカリスマオーナー経営者と言われる方のなかにも人格的にも大変優れた方はたくさんいるが、こうしたエゴの塊のような残念なリーダーが少なからず存在することもまた事実だ。

私は、マーシャルから数々の神髄について学んできたが、最もインパクトがあった話を挙げるとすれば、「エゴとプライド」についての次のエピソードになる。

神髄① エゴとプライドの問題を解決できたらクライアントの課題の80％は解決

２０１４年７月１日、朝９時から夕方17時まで丸１日、マーシャルは特別なエグゼクティブコーチスクールを開催してくれた。会場は都内の某ホテル、30名ほど限定で経営者や管理職などのリーダー、エグゼクティブの方々に集まっていただいた。そこでマーシャルは、エゴとプライドの問題について、こんな言葉から話を切り出した。

「いまからエゴとプライドについて、2つの例を紹介したい。ひとつは非常にネガティブ（否定的）な例。もうひとつは非常にポジティブ（肯定的）な例です」

そしてまず、マーシャルが触れたのは、ハーバード大学医学部出身のアトゥール・ガワンデ医師が書いた『The Checklist Manifesto（チェックリスト宣言）』という本についてだった（日本語版書籍のタイトルは、『アナタはなぜチェックリストを使わないのか？』吉田竜訳、晋遊社）。

「ガワンデ医師の調査はとても明確に示しています。例えば、あなたが手術のために病院に行くとします。医師のチェックリストはとても簡単な質問ばかりです、と看護師が言います（例えば、消毒はしましたか？　とか、手は石鹸で洗いましたか？　等）。これにより、不必要な感染症の確率は急激に下がり、感染による死亡率は3分の2に減少します。これは理論上のことではありません。事実です」

2014年当時は、こうしたエピソードは自身とは無縁の話のような印象を抱いていたが、コロナ禍を経験した私たちには感染症を例に挙げてのこのエピソードは切実に感じられる。

マーシャルは続けた。

「世界中の病院では看護師が医師に質問することは許されていません。なぜ彼らはこのような簡単な質問でさえ、許可しないのでしょうか？　それは医師のエゴとプライドのためです」

これは、この数年間、新型コロナウイルスに苦しめられてきた私たち人類にとっては実にハッとさせられるエピソードだ。

「ガワンデ医師によると、多くの人が外科医のエゴで死亡しており、その数はベトナム戦争、アフガン戦争、そしてイラク戦争での戦死者の合計を上回るといいます。これはエゴのせいです！」

さて、次はポジティブ（肯定的）なケース。

「私は毎年アメリカ海軍の大将の研修を行います。ただ、彼らの官僚的体質にはうんざりしているので、お金は請求しません。彼らに対して、お金は払われないほうが、お互いに金をつくれると伝えました。彼らはお金をくれない分、私にプレゼントをくれるのです」

マーシャルはにんまりし、うれしそうな表情で話を続けた。

「数年前には一日、原子力潜水艦に乗せてくれました。何人かと一緒に潜水艦の魚雷を撃ったりして、すごく楽しかったです。2年前にはもっといいプレゼントをもらいました。何だと思います？　そう、トップガンです。映画『トップガン』を観たことがある人はいますか？　私は95分間、アメリカ海軍のトップガンに乗せてもらいました。自動操縦を使って宙返りもしました」

余談になるが、このときマーシャルは映画『トップガン』の主題歌の一節をパイロットのジェスチャーを交えて口ずさんでくれて、会場全体は大いに笑いに包まれた。

そして、ここで急にマーシャルの表情が真剣なものに変わり、こう続けた。

「この話にはもちろん意味があります。離陸前に私は、海軍トレーニング最高責任者の大将に若い海兵がいくつかの質問をしていることに気づきました。若い海兵は、チェックリストから簡単な質問をしていきます。それらの質問にはトリッキーなものはなく、いずれも実にシンプルな質問でした。先ほどの医者への質問は『手を洗いましたか？』でした。海軍大将への質問は『燃料はどのくらいあるか？』といったようなごく簡単な質問でした。私は大将に思わず問いました」

マーシャルが大将に問いかけたのは、次の質問だった。

「大将、医者はエゴが強すぎるから看護師から質問されるのを嫌がります。しかし、悪気はないですが、世界で一番エゴが大きいのはアメリカ海軍大将になるトップガンパイロットではないかと思っています。なのに、あなたは若い海兵から質問されるのを嫌がりません。大将、違いはいったい何なのですか？

そして、私にとって実に大きなインパクトをもたらした『大将』の答えは次の言葉だった。

もし手術が失敗したら、あなたが死ぬ。
そして飛行機が墜落したら、私が死ぬ。

もし誰かがその医者に銃を向けてぶっ放すと伝えたら、2度質問されても文句を言いません。

エゴとプライドがいかに大事か。私たちはエゴとプライドを自分の健康や愛する人より大事にします。私たちはコーチとしてクライアントのエゴとプライドを直すことができたら、80%の問題を解決できます」

ここまでが、エゴとプライドに関してマーシャルが話してくれた概要だ。

読者の皆さんは、この海軍大将の話を読んで、どのように感じただろうか。

このエピソードからわれわれが学ぶべきことの本質は、**「当事者意識」や「自分ごと」として捉えることの重要性**だ。人が本気で変わるためには、「自分が変わらなければ、自分の生死に関わる」という緊迫感が必要だ。ビジネスコーチングの現場は必ずしもいつもそうしたピリピリ感がなければいけないわけではもちろんないが、**「当事者意識」「自分ごと」の感覚があってはじめて本当の意味で「行動変容」に向かう動機付けがなされる**ということを、このエピソードから学ぶことができる。

ビジネスで大きな成功を収めるためには、周囲の言葉や環境変化に惑わされない、いわゆる「ブレない姿勢」が大事な一方で、環境変化に合わせてスピーディかつ大胆に変えていく姿勢も必要だ。これまで数百年にわたって継承し重んじてきた伝統を維持することが事業の存続の足かせになるようであれば、歴史ある伝統と決別することを迫られる瞬間にも立ち会わなければならないときがある。クライアントが持つエゴとプライドが、誰のための、何のためのそれなのか、ビジネスコーチは勇気を持ってクライアントに踏み込んでいかなければならない。そしてクライアント本人もなかなか手放せない信念があった際に、なぜそこにこだわるのかについての内省が必要となるのだ。

多くのリーダーは「変えない勇気」が必要な一方で、「変える勇気」も必要な場面に直面する。周辺環境の変化に伴い、意識や行動を変えることが必要な一方で、変えてはならない信念がある。エグゼクティブが真に高いパフォーマンスを発揮するためには、そうしたエゴと向き合っていくことが不可欠なのだ。

神髄② 「何をすべきか」よりも「何をやめるか」

エグゼクティブは、毎日朝から晩までとても忙しい。忙しいことは「織り込み済み」で、リーダーとして卓越した成果を上げることが当然のごとく期待されている。月曜日から金曜日の朝8時から夜18時まで、ミーティングや顧客とのアポイントでびっしり埋め尽くされていて、毎日毎日「緊急かつ重要」な仕事に追いまくられているエグゼクティブは決して少なくない。予定表を開けば、ランチタイムの30分や1時間以外、一瞬のブレーク（休憩時間）もなく一日の予定で埋め尽くされており、今日も朝から憂鬱な気持ちいっぱいで仕事に取り掛かるエグゼクティブは決して少なくない。そんなときにいったん大きく深呼吸をしてエグゼクティブが肝に銘じるべき言葉がこれだ。

「何をすべきか」よりも「何をやめるか」

現代を生きるリーダーたちは、かつてのリーダーと比較すると、自身が使う言葉、自身が実践する行動に関してより細心の注意を向けることが必要になってきている。パワハラやセクハラのみならず、ジェンダー平等など様々な観点から相手を不快な気持ちにさせる可能性があり、あらゆる言動に対する周囲の見方がかつてないほど厳しくなってきているからだ。

それと同時に、事業環境が目まぐるしく変わる厳しい競争環境に置かれるなかで、リーダー自身も常に次から次へと最新の情報をインプットし、高いアンテナを立てて世の中の動向に対して確実にキャッチアップしていかなければならない。リスキリング（学び直し）の強迫観念にとらわれるリーダーたちは、ついつい、新しい「学習」や「知識の習得」のために寸暇を惜しんで目先のスケジュールをすべて仕事と学習や読書の予定で埋めてしまいがちだ（と言いつつも、いまあなた自身は忙しいなか本書に目を通してくださっており、そのことには心から感謝と敬意を表したい）。このような境遇に置かれたリーダーに対して、マーシャルはこんな言葉を残している。

「ピーター・ドラッカーはたくさんの素晴らしい話をしてくれたが、とりわけ叡智に満ちたコメントだと思ったのは『私たちはリーダーに何をすべきかを教えるのに多大な時間を使うが、何をやめるべきかを教えるのには十分な時間をかけていない』というものだ。

私がいままで出会ったリーダーの半数は、何をすべきか学ぶ必要はない。彼らが学ぶ必要があるのは、何をやめるべきかだ、という言葉だった」

ピーター・ドラッカー氏が残してくれたこの言葉は、マーシャルにもしっかり受け継がれ、マーシャルのコーチングを受けた世界のエグゼクティブたちにも応用・実践されている。

「何をやめるか」というのは、言葉にするのは簡単だが、いざ実行に移すとなると様々な壁が立ちはだかる。リーダーであるあなたは、いま目の前に山積している多くの仕事を一刻も早く部下に任せてしまいたいと思う一方で、冷静に考えてみると任せられる部下がひとりもいないことに愕然とし、任せられる部下がいないのはつまるところ自身が部下を本気で育成してこなかったことが原因であることに気づいてしまうかもしれない。あるいは、任せたい部下はいるものの、そういう人に限って仕事がデキる優秀な部下であるためすでに多くの仕事を任せられており、そこに自分の仕事まで任せることで部下の反感を買ってしまうことを恐れる自分に気づいてしまうかもしれない。そしてあなたは八方ふさがりに陥ってしまうのだ。

つまり、「何をやめるか」を考えて着実に実行するためにも、「やめるためのアクションプラン」「やめるための活動の優先順位」が必要となり、何をどう進めたらよいか分からず袋小路に陥ってしまうことは決して珍しいことではない。よりよい成果を上げるためにリーダーが「やめるべきこと」はたくさんあるが、その中でもマーシャルが注目し、重要視したのは、他者に対してネガティブな影響を与え得る「悪い癖」だ。悪い癖というのは例えば、次のようなものだ。

- 人を傷つける破壊的なコメントをする
- きちんと他人を認めない
- 人の話を聞かない

こうした悪い癖をリストアップしていくと無限に出てくるが、マーシャルはこうした悪い癖をよりよく改善していくために、実にシンプルな方法を提案してくれている。

ステップ① 自身が「変えたいと思う行動」を決める
ステップ② 「変えたいと思う行動」を「日課の質問（クローズド形式）」にする
ステップ③ 「日課の質問」について毎日チェックし、記録をつけるステップ②の「日課の質問（クローズド形式）」とは、例えば、あなた自身が変えたい行動が「人の話を聞かないこと」だった場合、次のような日課の質問を用意することを指している。

【日課の質問】 今日一日、人の話をしっかり聞こうと心がけたか？

一日の終わりにこの「日課の質問」を自身で振り返り、しっかり聞こうとしていたら「○（マル）」、しっかり聞こうとしていなかったら「×（バツ）」、部分的にはできたのであれば「△（三角）」。実にシンプルな作業だ。ダイエットに挑戦する人が毎日体重計に乗ることによって体重を維持していくのと同じで、悪い癖が出ないようにするためには、こうした地道なチェックと内省を実践し続けなくてはならない。

日課の質問は、行動経済学者が言うところの「コミットメント・デバイス」だとマーシャルは指摘している。何かをしようとする意図を人に知らせる。すると、人に失望されるリスク、人前で恥をかくリスクがあるから、私たちは実行するようになる。

また、マーシャルは日課の質問が次のことを思い出させてくれると述べている。

◆変化は一夜にして起こるものではない
◆成功は、日夜繰り返して行うささやかな努力の積み重ねである
◆努力すればよくなる。しなければ、よくならない

（出典：マーシャル・ゴールドスミス著『トリガー』斎藤聖美訳、日本経済新聞出版）

神髄③ フィードフォワードの実践により、クライアントの自発的行動を促進する

1on1は通常、「コーチング」「ティーチング」「フィードバック」を組み合わせて実施されることについてはすでに述べたが、これから取り上げるフィードフォワードを理解するためには、フィードバックについての理解が欠かせない。

フィードバックという言葉自体は聞き慣れたものと感じる方も少なくないだろうが、フィードフォワードははじめて耳にする読者もいるかもしれない。フィードフォワードは、人の行動変容においてマーシャルがその重要性を提唱してきた考え方のひとつだ。

フィードバックは、過去に起こったことに対するメッセージであるのに対して、フィードフォワードは、未来に向けた提案やアイデアを指す。フィードバックの代表例は、「お客さまからのクレーム」だ。なんらかのビジネスに関わったことがあれば、誰しも一度はお客さまからのクレームを受け取ったことはあるのではないだろうか。自分や自社としてはよかれと思ってやったことが、お客さま側から見たら不備や不足、欠陥があり、それがお叱りとともに指摘されてくるのがクレームだ。誰しもクレームは受け取りたくはないし、クレームを受けたら、受け手側は感情的に傷つくことになる。近年では、カスタマーハラスメント（通称「カスハラ」）と呼ばれるほ

ど、顧客からの理不尽な要求や悪質なクレーム・暴力に悩まされる企業や経営者も決して少なくない。

フィードバックの本質は、相手を傷つけることではなく、相手に改善を求めることだ。本質から考えると、相手を感情的に傷つけかねないフィードバックのアプローチは、相手に対して効果的に作用するとは限らない。米ハーバード・ビジネス・スクールの研究によれば、フィードバックを求めることとパフォーマンスの関係はごく小さいことが示されている。相手のよりよい行動変容を促すことについて、「フィードバックする側」は改めてフィードバックのあり方やフィードバックのタイミングについて慎重に行うべき時期に来ているのかもしれない。

一方、フィードフォワードは次のステップで実施する（図表8－1）。

ステップ① あなたにとって重要なことで変えたいと思う行動をひとつ決め、相手に共有する
ステップ② その人に、こうなりたいと思っていることを達成するために役立ちそうな提案をしてもらう
ステップ③ 提案を注意して聞く
ステップ④ 「ありがとうございます」と言う

この4つのステップをはじめて耳にしたとき、正直なところ私にはまったくピンとこなかっ

図表8－1　フィードフォワード

フィードフォワードとは・・・

自分がよりよく行動変容するためのアイデアを周囲の人からもらうこと

ステップ

①あなたにとって重要なことで、変えたいと思う行動をひとつ決め、共有する

②その人に、こうなりたいと思っていることを達成するために役立ちそうな提案をしてもらう

③提案を注意して聞く

④「ありがとうございます」と言う

た。しかし、実際に研修やワークショップでフィードフォワードの演習を実施してみると、この演習を通じて得られる少なからぬ気づきや学びをしっかり体感することができた。

フィードフォワードの演習におけるポイントは、大きく3つある。

ひとつは、ステップ①の「重要なことで変えたいと思う行動」を「自身で決める」点だ。フィードバックは通常、本人自身が変えたいか変えたくないかに関係なく、他者から見て変わってほしいと思われる点が容赦なく「変わってほしい相手」に対して伝えられる。これに対してフィードフォワードは、あくまでも「本人が変えたいと思っていること」に対して周囲の意見やアイデアを求めるため、フィードフォワードを受け取る側は、ニュートラルに、あるいは、強い関心を持って相手

からの提案やアイデアに耳を傾けることができる。

2つ目のポイントは、会話の最後を「ありがとうございます」で終える点だ。多くの人は、相手の話を傾聴しているつもりでも、実は本当の意味で傾聴できていないことが多い。前述した通り、**真の傾聴を行う代わりに、多くの人が無意識的に行っていることは、「次にどんな価値ある発言をしようか」と頭の中で考える**ことだ。次に何を言おうかを考えている段階では、真の傾聴ができているとは到底言えない。しかしながら、会話の最後を「ありがとうございます」で締めくくると決められていたらどうだろうか。あらかじめ「ありがとうございます」という言葉で会話を終えることが決まっているため、そもそも次に何を言おうかなどと考える必要性もない。その結果、特に意識せずとも真の傾聴ができるようになる。

3つ目のポイントは、この最後の「ありがとうございます」が「何」に対するありがとうなのか、という点だ。おそらく多くの読者の皆さんは、最後の「ありがとうございます」は、「素晴らしいアイデアを私にくれて、ありがとうございます」という意味だと考えているのではないだろうか。残念ながら、その理解は間違っている。この最後の「ありがとうございます」は、共有してもらったアイデアが素晴らしいことに対する感謝の言葉ではなく、「ほかでもない私のためを思って提案・アイデアを考えて差し出してくれたこと」に対する感謝の気持ちの言葉なのだ。

相手が自分のために役立つ提案をしてくれたこと自体に感謝するというフィードフォワードは、成熟した「大人同士」の信頼関係を構築するうえで大変有効なコミュニケーションだ。日常の仕事やコミュニケーションにおいて、以下のような経験はないだろうか。あなたは職場の同僚から「こんな面白い情報があるよ！」と教えてもらったものの、実はその情報をあなた自身はすでに知っていたとする。ここであなたは職場の同僚に対して、どのようにリアクションし、どのような声をかけるだろうか。

A「ああ、あれね！　それなら前から知ってるよ！」
B「貴重な情報を共有してくれて、どうもありがとう！」

実際は相手が提供してくれた情報をあなた自身は知っていたわけだから、Aのほうが正論だ。しかし、相手との良好な人間関係を構築するために必要な言葉はBだ。自身が発した言葉を受け取った相手がどのような感情を抱くか、という点について、常にアンテナを立ててコミュニケーションを図ることは、職場の人間関係を円滑にするうえで不可欠な姿勢である。リーダーなど人の上に立つポジション・役職であるかどうかにかかわらず、周囲との良好な信頼関係のなかで仕事を進めていくうえで求められるスタンスと言える。こうしたことは誰かが教えてくれるわけではなく、周囲との連携を通じて自らが学び、身につけていく必要がある姿勢だ。

フォローアップの重要性

企業における研修も、体重を減らすダイエットも、実施した直後は充実感に満たされるかもしれないが、多くの場合、一定期間を経てもれなくリバウンド現象が待ち受けている。フォローアップがなければ、苦労して参加した研修も、大好きなスイーツやお菓子を我慢して取り組んだダイエットも、すべて台無しとなってしまう。マーシャルは、行動変容を持続するうえでフォローアップが重要な理由を次のような言葉で表現している(マーシャル・ゴールドスミス著『コーチングの神様が教える「できる人」の法則』)。

「よりよいリーダー(あるいはよりよい人)になることは、プロセスであり、一過性のイベントではない」

コーチングや1on1が多くの組織で取り入れられるようになってきている理由は、**コーチングや1on1という取り組みそのものが瞬間的または一時的な取り組みではなく、一定の頻度で断続的に繰り返し行われることを前提としている**からだ。多くのビジネスコーチはクライアントとの2回目以降のセッションにおいて、自然にこんな質問を投げかける。

「前回のセッション以降、今日までの時間はあなたにとってどんな時間でしたか?」

「前回のセッションの最後に『やる』と宣言してくれたこと、実際にやってみてどうでした？」

あるいは2回以上開催されるいわゆるシリーズものの研修の場合は、研修冒頭で講師がこんな言葉を投げかけるのではないだろうか。

「前回の研修で学んだことの中で最も印象的だった内容は何ですか？」
「前回研修以降、学んだことの中であなたが実践したこと、うまくいったことは何ですか？」
「よりよくなるためには、次にどんなことに取り組みますか？」

フォローアップのポイントは、このように相手が「取り組む」と決めたことに関する実践度合いとその効果に関して質問形式で投げかける点にある。そして、「いつ、どのようにフォローアップするか」ということ自体を日々のあなたのルーティンに組み込むことが、フォローアップによる効果を確かなものとする。毎日フォローアップが必要な項目だとすれば、そのタイミングは例えば、「毎晩のパソコンを閉じる直前」とか「仕事から帰る電車での移動時間中」といったような形になるかもしれないし、週に1回のフォローアップであれば、毎週金曜日の18時、といったように毎週同じ曜日に実践していくことが、フォローアップの仕組み化につながる。

第8章のポイント

- クライアントの過去の成功体験は、クライアントの次のステージでの成功を約束しない。多くのクライアントは、頭ではそれを理解しているが、エゴがクライアントの行動変容を妨げている。
- 行動変容に向けてクライアントのエゴを取り除くためには、誰のために、何のために、そのエゴにこだわるのか、勇気を持って向き合い、エゴに踏み込み、取り除いていく必要がある。
- 新しいことを学ぶよりも、いますでに取り組んでいることを減らしたり、やめたりしたほうが、よりよい成果や生産性向上につながる場合がある。特に忙しいエグゼクティブに対しては、何をすべきか、よりも、何をやめるか、という問いは効果的である。
- ネガティブなフィードバックを受けると、多くの場合、受ける側はネガティブな感情を抱き、フィードバックを次の行動に生かすことが困難となる。相手の行動変容を促すためには、未来に向けた提案の形で伝えるフィードフォワードが効果的である。
- 「あなたが変えたいこと」を「日課の質問」に変換し、定期的に振り返り、内省することは、「あなたが変えたいこと」を一過性のもので終わらせず、よりよい行動習慣につながる。

第8章に関する簡単なワーク（演習）

Q1 あなた自身がとらわれているエゴがあるとしたら、どのようなものだろうか？ そのエゴを取り除くためには、あなた自身のどのような意識や行動を変える必要があるだろうか？

Q2 あなたがよりよい成果を出すために、「やめるべきこと」があるとすればそれは何だろうか？

Q3 よりよいあなたになるために、あなた自身が変えたい行動は何だろうか？ その行動を「日課の質問」に変換すると、どのような質問になるだろうか？

THE COMPLETE BIBLE OF BUSINESS COACHING

第9章

クライアント企業の声

9

この章では、実際にビジネスコーチングを受けていただいたクライアント企業2社の方に、私がインタビューを実施。クライアントサイドから見たビジネスコーチングについて、様々な意見を伺ったものをまとめてみることにする。

事例1

ビジネスコーチの質問によって描かれた「社員に語りかけるストーリー」

鈴木雅哉氏（株式会社ＭｏｎｏｔａＲＯ〈モノタロウ〉取締役 代表執行役社長）

業務用の工具通販を手がけるＭｏｎｏｔａＲＯ（モノタロウ）。インターネットビジネスが飛躍のときを迎えようとしていた２０００年に創業し、現在では「工具のアマゾン」と呼ばれるほどの存在感を示している。かつての親会社出身である鈴木雅哉氏が創業者から経営を引き継いだのは２０１２年、36歳のとき。新たな成長戦略を描き、社長就任から10年が経過し、社長在任期間中に時価総額が40倍に増え、現在は1兆円を超える。２０２２年3月時点で正社員６００人、売上高は２０００億円に迫る規模へと成長を牽引してこられた。その歩みを振り返りながら、鈴木氏は「経営者としての器を広げていくにはビジネスコーチングが必要不可欠だった」と話す。

コーチとの会話を通して「経営のストーリー」を語れるようになる

鈴木●最初に橋場さんとお会いしたのは2015年でしたね。

橋場●よく覚えています。年の瀬が迫る時期に東京駅の近くでお会いして、「コーチングを導入したい」とご相談をいただきました。当時の鈴木さんは、なぜコーチングが必要だと感じていたのでしょうか。

鈴木●私は社会人になって早々にこの事業に関わり始めました。以来ずっと、上司らしい上司と言えるのは先代経営者である創業者（瀬戸欣哉氏、現・株式会社LIXIL代表執行役社長兼CEO）だけだったのです。そんな私が社長を任されることになり、信頼して話ができる第三者が必要だと感じるようになりました。

橋場●その第三者としてコーチに注目したのですね。

鈴木●はい。社長就任時、私はまだ36歳で、執行役や本部長もほとんど私と年齢の変わらない若い組織でした。経営幹部としての経験も十分だったとは言えません。会社の器は、経営トップや経営陣の器に影響されますよね。それを大きくすることが、私にとっても会社にとっても必要でした。

橋場●コーチを選ぶ際には、どのような点を重視したのでしょうか。

鈴木●いろいろな方にお会いして話を聞きましたよ。なかには輝かしいビジネスキャリアを持ち、テクノロジー領域での経験が豊富な人もいました。

橋場●社長の器を広げてくれるパートナー候補として、いろいろな方にお会いされたのですね。

鈴木●ただ、そうした人と話しているうちに「求めているものとはちょっと違うな」と感じたんですよね。私は自社の事業に毎日全力でコミットしているし、事業そのものへのアドバイスは必要としていませんでした。そんな漠然とした思いを抱えているとき、橋場さんと出会ったんです。橋場さんは、私がつらつらと話すことをひたすら吸収し、将来に向けてどうすべきか考えていることを、自然な形で聞いてくれました。そうやって質問を投げかけてもらい、自分の言葉として話していくうちに、「ストーリー」が見えてくる感覚を得られました。

橋場●これまでにやってきたことや、これから取り組もうとしていることを、鈴木さん自身が腹落ちできるストーリーとして語っていらっしゃいましたね。

鈴木●はい。私が社長に就任して約10年、この間にモノタロウは積極的に海外展開を進めてきました。こうした変化のタイミングで橋場さんと話し、様々な投げかけをしていただいたことで、私が思い描くストーリーを社員にも分かりやすく伝えられるようになったと感じています。

1on1で「心理的安全性」と「業績拡大」を両立させる

橋場●最初に鈴木さんからご相談いただいたときには、鈴木さんや経営陣の皆さまへのコーチングを実施するほかに、社内で実施している「上司と部下の週次面談」の質を高めたいともおっしゃっていました。同様の取り組みは昨今「1on1」として多くの企業で導入されていますが、貴社はかなり早い段階から1on1を実施されていますね。

鈴木●当社の1on1は創業者が初期に取り入れたもので、それ以来ずっと重視してきました。現在では1on1を「マネジャーの仕事の第一要件」として定義しているほどです。

橋場●なぜそこまで1on1を重視しているのですか。

鈴木●社員一人ひとりが仕事と前向きに向き合えるようにするためです。社員はそれぞれ、仕事の中で何かしらの個別事情を抱えているもの。仕事がうまくいっているときも、そうでないときにも、必ず何らかの事情や背景がありますよね。なかには、全社的に取り組んで解決してほしいと思うような問題を認識している社員もいるかもしれません。そうした思いが伝わらず、解決に向かわなければ、社員はフラストレーションをためてしまうでしょう。部下の思いを真摯に聞き取り、場合によっては上司が動いて解決する。1on1はそのための場としてとても重要だと考えています。

橋場●部下の思いを聞き取るために、1on1では心理的安全性を保つことが大切だと言われています。貴社は心理的安全性を担保しながら、この10年間で業績も大きく伸ばしてきました。当然ながら成果にも厳しく向き合ってきたのではないかと思います。とはいえ、厳しく言いすぎると部下が潰れてしまうかもしれないし、楽しいだけでは業績が伸びないかもしれません。心理的安全性と業績拡大を両立できる秘訣はどこにあるのでしょうか。

鈴木●大切なのは「現状と向き合う」ことだと考えています。業績についても、上司と部下が共に、実態を見つめるべきなのです。組織として掲げた業績目標を達成できないことは経営の責任ですが、社員個人の目標を達成できないときには個人にも責任があるでしょう。その原因がどこにあるのか、現状を真摯に捉える必要があります。企業規模が大きくなり、組織や業績が拡大していくと、社員はいつしかセーフティネットを張るようにもなりますから。

橋場●「セーフティネット」とはどういうことでしょうか。

鈴木●例えば、個々人が目標を上司と擦り合わせる際に、「どうせ高めに修正されるだろうから最初は低い目標設定で提出しよう」と考えるような状況です。目標とは本来、組織や個人の「ありたい姿」を実現するための過程であるはず。しかし上司が実態に真正面から向き合わず、部下の実情も踏まえずに高い成果だけを要求し続けていると、いつしか本来の目的が見失われていきます。

橋場●「目標を外さないこと」が目的化してしまうのですね。

鈴木●そうです。これでは何のために目標があるのか分かりません。目標達成のモチベーションが曖昧になるので、結果的には掲げた目標に対して未達成が当たり前の組織になってしまうかもしれない。そうならないように上司と部下が現状を真摯に捉えることこそ、心理的安全性の根っこにあるべきだと思っています。

橋場●鈴木さんは、社員とのコミュニケーションで現状を真摯に捉えるために、どのようなことを意識しているのでしょうか。

鈴木●私自身は数値的な結果を社員に強く求めるよりも、なぜこの目標を掲げているのか、この目標を達成するためにはどんなプロセスが必要なのか、明確に伝えようと意識しています。将来どんなことを成し遂げたいと考えていて、そのためにどれくらいの目標を目指す必要があるのか。経営の責任はまさにこれを語ることですよね。計画の話でしかないとしても、できるだけ精緻に伝えたいですし、修正すべきところはタイムリーに修正し、その理由も明確に説明しなければならないと思います。

橋場●こうして目標の意味付けを語ってもらうことで、社員も現状を把握できるようになるのですね。

鈴木●とはいえ、その状態をつくるのは簡単ではないとも感じます。私も、自分が社長になるまでは数字や目標の意味をここまで深く考えてはいませんでした。社員の視点で考えれば、会社がどこまで利益を出しているのか、どれくらい目標を達成できているのかは報酬にも影響する部分ですが、一方では「そんなの知ったことか」という価値観の人だっているかもしれません。目標をいかに自分ごととして捉えてもらうか。この課題は続いていくものなので、1on1もまた重要であり続けると思います。

経験から学び、自律的に変化できる組織へ

橋場●私が貴社に関わり始めた2016年の段階では、社員数はまだ200人に満たない規模だったと記憶しています。それが現在では600人を数えるまでになりました。組織が拡大していくなかで新たに生まれた課題はありますか。

鈴木●一定規模までは社員一人ひとりについてある程度理解できていたのですが、さすがに難しくなってきました。採用においても、社員数が300人に届くまでの時期は私が候補者全員と最終面接をしていたのです。年間で160人と面接をしたこともありました。そのころまでは、社員の週報も「この人がどんな人で、何をやってきたのか」を知ったうえで読むことができていましたが、いまではそれも難しくなってしまいました。

橋場●社長が一人ひとりの社員を理解したいと思っていても、規模の限界は必ず訪れますよね。

鈴木●それはやむを得ないことなのだと分かってはいます。しかし一方では、組織が大きくなればなるほど、一人ひとりの社員が個人としてやりたいことと、会社としてやりたいことのズレも大きくなっていくのではないかと感じるのです。会社が目指すビジョンや当面のゴールをきちんと共有し続けられなければ、そのズレは致命的なものになってしまうかもしれません。

橋場●そうした事態を防ぐためにも、1on1を持続可能な取り組みにしていく必要があるのではないでしょうか。1on1を一時的なものではなく、持続的な取り組みとするためには何が大切だと思われますか。

鈴木●経験から学ぶことが大切だと思います。共有するのは成功体験だけではなく、失敗体験でもいい。組織として経験から学ぶことを奨励し、経験から学ぶ文化を育てていかなければならないと考えています。何十年と事業の営みが変わっていない企業であっても、日々の新たな気づきや学び、失敗などを共有することで、個人としても組織としても「継続的に変わり続けよう」という意識が高まっていくのではないでしょうか。

橋場●確かに、何をやっても自社は変わらないのだと思うと、社員はアクションを起こしたくなくなってしまうかもしれませんね。

鈴木●「自分からアクションを起こすと損をする」とさえ思ってしまうかもしれません。そうした空気が蔓延している企業は少なくないですよね。会社を変えていくには個人の力が、自分の力が大切なのだと、一人ひとりが意識できるようにしなければいけません。そんな風土こそが、市場や環境の変化に合わせて自律的に行動できる個人と組織を育てていくはずです。

橋場●そうした関わり方を続けていくために、上司側はどんなことを意識すべきなのでしょうか。

鈴木●「上司は部下に教える立場である」という思い込みを捨てることだと思います。日本の社会や企業は、残念ながら、放っておいても自然と成長する環境にはありません。どんな企業にも、決まった必勝パターンなど存在しないのです。だからこそ、上司や部下の立場にとらわれず、互いのコミュニケーションの中から新たな学びを見出す必要があります。

橋場●実際に、部下へのコーチングをしている上司が、実は部下にティーチングしてもらっているということもままあります。そうした意識を持って、コミュニケーションを先入観なく取り続けていくことが大切ですね。

鈴木●おっしゃる通りです。私は近頃、こんなこともよく考えるのです。事業や経営とは、海中に建造物をつくろうとするようなものではないかと。海の上にいる経営者には、なかなか海中の様子が見えません。自分で酸素ボンベを担いで潜り、海中にいる社員に直接指示するやり方もありますが、効率よく進めたいと思うなら、時折プカッと浮かんでくる管理職から状況を

聞いて対処したほうが早いですよね。ところが管理職によっては、経営者に対して「いい話」しかしてくれない人もいます。経営者が潜っていって社員の話を聞くと、「実際はそうじゃない」と言われることもあるのです。

橋場●トップと社員の意思疎通ができていない状態ですね。

鈴木●はい。経営者だけでなく、ひとつ下の部門長や、さらにひとつ下のグループ長も同じような構造の中にいるはずです。そもそも、組織で起きていることのすべてを100％把握することは難しい。見えていないものを互いに共有し、意思疎通を図っていくためにも、1on1は重要なのだと思います。

「未来を見据えた質問」こそがビジネスコーチの価値

橋場●今回、鈴木さんのお話を聞くなかでも改めて感じたのですが、私は「リーダーはよいコーチであるべき」だと考えています。そのためにもビジネスコーチングを特別なスキルではなく、管理職であれば当たり前に使えるスキルにしたいと思っています。コーチを活用し続けている鈴木さんが考える、「よいビジネスコーチの条件」を伺えますか。

鈴木●ひとつは「話している量と聞いている量のバランス」ではないでしょうか。相手と自分との会話量のバランスとして、3割以上を自分が話してしまっている人は、あまりいいコーチではないのかもしれません。今日だって、私ばかりがたくさん話していますよね。橋場さんと話すときはいつもそうなんですよ。「どんなものがいいと思う？」と聞かれて、私は自分で考えながら言葉にし、橋場さんはそれをひたすら聞いてくれる。もしコーチばかりがしゃべっていたり、コーチから「自分の経験では○○だと思います」などと必要以上に示唆されたりしたら、私は「本当はそうじゃないんだけどな」と違和感を覚えているでしょうね。

橋場●「3対7」の分量でコミュニケーションを調節するのは、意識次第でできるようになりそうですね。他に鈴木さんが見ているポイントはありますか。

鈴木●質問の「質」が大切なのかもしれません。橋場さんからは「どんなものが」「どういった人が」など、YES・NOでは答えられない質問ばかりが飛んできますよね。

橋場●意図的にそうしています。

鈴木●自分で考えなければ答えられない質問が飛んでくるので、私は自然と時間をかけて考えることになります。例えば部下との関係に悩んでいる人がいるとしたら、「その人との関係をよくするにはどうすればいいと思いますか？」「うまくいっている部下とはどうやって関係を築いていますか？」と尋ねる。そうして、相手がじっくり考えられるように促すのがよいコーチなのだと思います。

橋場●私は、この6年間で鈴木さんに無数の質問を投げかけてきました。その中で特に考えさせられた質問は、どんなものでしたか。

鈴木●「モノタロウをどんな会社にしたいですか？」という質問です。もうひとつ挙げるとすれば「どんな人がモノタロウの次の10年を担うべきだと思いますか？」という質問ですね。いずれの問いかけも、会社の大きな方向性について、私自身に改めて自分と真剣に向き合って考える機会を与えてくれました。当たり前かもしれませんが、橋場さんは「今年の予算はどうしたいですか？」なんて絶対に聞きませんよね。橋場さんはいつも、目先のことではなく、3年後や5年後を見据えた質問をしてくれます。その質問に私はハッとさせられるんです。「いまのままでいいはずがない。会社を成長させていくためには何をすべきなのか」と。もちろん、すぐに答えが出ないこともたくさんあります。それでも未来を見据えて考えることで、少しずつ私は成長に向けたストーリーを描き、社員へ語りかけられるようになりました。これこそ、私がコーチに求めていた価値だったのだと感じています。

事例2

1on1を通じて前例主義から脱却。「若手が役員に提案」できる組織へ

深井雅裕氏
（日清食品株式会社　取締役事業構造改革推進部長）

山梨夏希氏
（日清食品ホールディングス株式会社　人事部主任）

山梨夏希氏㊧、深井雅裕氏㊨

2020年に時価総額1兆円超えを果たし、従来の枠組みにとらわれることなく、新規事業や海外事業を積極的に展開する日清食品ホールディングス。快進撃の背景には、2015年から推進してきた「成長実感カンパニー」を目指す組織変革があった。経営トップの意を受け、特命担当として営業体制の構造改革を進めた深井雅裕氏は、ビジネスコーチングを活用して組織への働きかけを強化。現場で変化の波を感じていたという山梨夏希氏は「ビジネスコーチングによって従来の思考の壁を越え、自分たちが本当にやりたいことを見つけられるようになった」と手応えを語る。

チャレンジングな海外と安定した国内のギャップを痛感

橋場●貴社は理想の組織像として「成長実感カンパニー」を掲げ、一人ひとりが成長実感を得られるように上司や管理職のあり方を変えてきました。具体的な取り組みとしては、まず営業管理職向けのコーチングスキルトレーニングを導入しています。この背景にはどのような課題があったのでしょうか。

深井●2015年の春に、安藤徳隆（日清食品ホールディングス代表取締役 取締役副社長・COO）が基幹事業会社である日清食品の社長に就任しました。当時の私は海外赴任から国内へ戻ってきたばかり。同じく海外事業を担当していた徳隆社長からよく呼ばれて、今後の組織戦略について話していました。国内ビジネスは少子高齢化によって遠からず縮小していく。それならば、海外事業や新規事業への人材リソースを日清食品の社内から輩出しなければならないと。

橋場●未知の領域を攻めていくための、チャレンジングな組織をつくろうとしていたのですね。

深井●そのために必要だと考えたのが、社員一人ひとりが成長を実感できる組織風土に変えていくことでした。チャレンジングな事業に挑むには、まず自分たち自身が変わらなければならない。それが「成長実感カンパニーを目指そう」というメッセージの意図でした。構想を固めて2015年秋に発表し、1on1など、現在につながる取り組みを開始しました。

橋場●成長実感カンパニーの構想を示した当時、現場の反応はいかがでしたか？

深井●必ずしも前向きな反応ばかりではありませんでした。業績は好調が続いていたこともあって、「よい状況なのになぜ仕事の仕方を変えなければならないんだ」「変える意味が分からない」といった反発もあったと記憶しています。

橋場●そうした状況の中でも取り組みを推進し続けた深井さんの思いは、どこから来ているのでしょう?

深井●私はタイの現地拠点に赴任していた時期があります。現地企業との合弁から独資に切り替えたタイミングでしたので、ゼロから人材を採用していきました。日本とはシェアも知名度もまったく異なる場所でこれをやるのは至難の業です。この経験を通じて私は、組織づくりと人材育成の重要性を痛感することとなりました。しかしタイから帰ってきて国内の組織を見ると、まだ伸びしろがあるのに安定した状況にあぐらをかいているように思えたのです。確かに日清食品は国内ではシェアナンバーワンで、これ以上何を目指すのか? と思うかもしれない。でもグローバルではナンバーワンではないし、それに国内シェアだって4割程度ですから、決して突出しているわけでもありません。世界での日清食品と、日本での日清食品の立ち位置には大きなギャップがありますし、そのギャップを埋めるためのアプローチを続けなければいけないと思っています。

橋場●その2015年当時、山梨さんは四国の営業拠点に異動していたそうですね。成長実感カンパニーを目指す取り組みについて、現場ではどのように感じていましたか?

山梨●四国の拠点に赴任し、地方の人口減少の流れをリアルに感じていた私は、従来の「質より量」の営業スタイルがこの先通用しなくなっていくだろうという危機感を持っていました。

橋場●営業の実務面において改革しなければならないことはたくさんあると。

山梨●はい。同時に抱いていたのが会社全体の人材育成に対する課題感です。というのも、若手社員の育成やモチベーション向上を大きく左右するのは、所属している拠点や上司などの環境であると肌で感じていたのです。モチベーションが高く、全社戦略を見据えて動く先輩の下では、視野が広く自立した人材に育ちますが、一方でモチベーションの低い先輩の下にいると、若手の思考も「現状維持、拠点内止まり」で完結してしまう。そんな状況だったので、深井の「成長実感カンパニーを目指すんだ」という話には心を打たれました。

まずは自分たちが「コーチングとはなんぞや」を学ぶ

橋場●2016年9月からは将来の経営者育成を目的とした「骨太経営者育成プログラム」がスタートしています。私は経営幹部を対象としたビジネスコーチングを担当し、深井さんからもじっくりとお話を伺わせていただきました。

深井●当時は私が最も悩んでいた時期でした。未経験のことに取り組み、社内からは「前例がない」「どうやって実現するんだ」と否定されることも多い。途方に暮れそうになることもあるなかで、橋場さんと話す時間は、唯一「ほっとできる時間」だったのです。

橋場●よく覚えています。当時、深井さんは本当に悩んでいましたよね。

深井●営業畑とマーケティング畑を歩んできた私にとって、人事は専門外。とはいえ、組織開発をやりたいという強い思いで日本へ帰ってきていたので、何とかやり遂げたいと考えていました。橋場さんは私たちのビジネスからは遠く離れた立場なので、前例に基づいて否定されることもない。頭の中を整理し、内省し、自分の中にある答えを引き出していただきました。

橋場●その後、2017年からは社内コーチを養成するプログラムが始まりました。

深井●社内にビジネスコーチングを浸透させていきたいなら、まず旗を振る側がコーチングを理解していなければならないと考えていました。事業会社の現場から見れば、ホールディングスの担当者が傘の上から偉そうにしているだけでは動く気になれないかもしれない。そこで私たち自身がまず、「コーチングとはなんぞや」を学ぶことにしたのです。実際に社内へ展開していく際にも、研修を1回やって終わりではなく、悩みを持つ部下がいればいつでも応えられる体制をつくるべきでしょう。そうした意味でも、社内コーチの養成は重要なテーマでした。

橋場●深井さんも山梨さんも、実際に社内コーチ養成

プログラムを受講していただきましたね。

山梨●プログラムを受けた個人の立場としては、自分なりに思考の幅が大きく広がったと感じています。社長の立場だったらどう思うのか。10年後だったらどのように動くのか。そうした視点を持ち、セルフコーチとして自分に問いかけながら、思考に広がりを持たせることもできると学びました。

深井●このプログラムの後に、私たちが先導して1on1やコーチング、ティーチングなどの仕組みを社内に導入していきました。内省して自分自身に問いかけることの難しさを理解していたので、社内導入の時には話し合う際の台本まで入念に準備し、型を決めて実行できるようにしました。

入社1年目の社員が「役員に提案」できる会社へ

橋場●当初は反対の声も多かった状況から取り組みを始め、6年が経ち、現在の貴社では1on1が当たり前の文化となりました。この要因はどこにあるのでしょうか。

深井●1on1の取り組みが定着してきたと感じたのは、取り組み開始から3年目くらいのタイミングだったと記憶しています。背景には会社の業績が好調だったのもあるのではないでしょうか。日清食品は、2015年度から過去最高売上を更新し続け、新商品の展開もうまく進んできました。会社として勢いがあり、経営トップは外部へ積極的に発信し、現場の営業も勢いよく動けています。

山梨●こうしたなかで評価制度を変え、成長実感カンパニーを実現するための仕組みを実装していきました。若手を中心に改革に期待する声が高まり、業績も上向いていくなかで、「このやり方がいいのかもしれない」という見方が広がってきたのだと思います。

深井●いまでは経営会議でも、当たり前のように「成長実感」「1 on 1」という言葉が飛び交っていますよ。

橋場●社内の雰囲気も変化していますか？

山梨●確実に変わってきていると思います。

経験や入社年次にかかわらず、前向きにどんどん提案していいのだという雰囲気が生まれています。

深井●こんなエピソードもあります。入社1年目の営業職社員がアポイントなしで私のもとを訪れ、「営業現場でこんなことをやりたい、こんな仕組みを実現したい！」とアイデアを提案してくれたのです。「新入社員がアポなしでいきなり役員に提案するなんて、いい度胸をしているな」とうれしくなりました。そこで安藤（徳隆氏）のところへ連れていって、直接話してもらったところ、安藤もとても喜んでいました。そんな会社、いいですよね。昔だったら「そんな提案はいいから目の前の仕事を全力でやれ」と一喝されていたかもしれません。でもいまの当社なら、社員それぞれが自分の課題感に対してアイデアを考え、上にぶつけられるのです。

橋場●そのときに提案されたアイデアは、社内で生かされているのでしょうか。

深井●提案された仕組みの一部は、すでに実現しています。業務改善を目指した営業報告のアプリケーションを開発し、現場で活用しているのです。こうしたアイデアや根っこにある課題意識は、私たちよりも現場の人たちのほうが持っているはず。直接お客さまと接しているなかで直面する課題に対して、「自分で解決したい」と考えてくれることが素晴らしいと感じています。

橋場●山梨さんは、この5年間の変化をどのように感じていますか？

山梨●人事の視点では、目標管理制度などの仕組みと1on1がうまく連動するようになったと感じています。かつての営業現場と言えば「数字、数字、数字！」という意識で、目の前にある「短期的な業績」ばかりに追われていました。しかし仕組みを変え、一人ひとりが何をしたいのかをクリアにし、愚痴も含めて、ざっくばらんに上司と話せるようになったことで、「中長期の目標や将来のキャリア」にも向き合えるようになったのではないでしょうか。営業部門から始まった1on1は一部の部門を除いて2021年度には全社展開をしています。現在は、部門を越えたメンバー同士の1on1も自然と行われるようになるなど、様々な形で浸透しています。

学びを持続させるための「目的」「スモールサクセス」「仲間」

橋場●2020年以降、新型コロナウイルス禍によって働き方が大きく変わるなか、コミュニケーションのあり方に課題意識を持って1on1を導入する企業が増えています。貴社の場合はその5年前から動いていますので、とても早い段階で取り組みを進めてきたと言えますね。

深井●食品メーカーが集まる会合などで話を聞いていると、当社は新型コロナウイルスへの対応も他社と比べて早かったようです。2020年2月、在宅勤務への移行を決め、出社しなければ対応できないと思われていた仕事をオンラインに置き換えました。派遣社員も含めた全員にモバイルデバイスを貸与しています。

山梨●新型コロナウイルスの感染拡大以前から、全社員にモバイルデバイスが貸与されており、また在宅勤務制度もあったためリモートで仕事をするインフラ自体は整っていました。ただ、働く環境が急速に変わっていくなかで、1on1の文化がすでに根付いていたことは大きなアドバンテージとなりました。1on1がなかったら、在宅勤務の中でどのようにコミュニケーションを取っていたのだろうか？と思います。

深井●誰もが経験したことのない状況下で、社員はみんな自分の頭で考え、迅速に行動していました。昔のように、常に上長にお伺いを立ててから動く組織のままだったら、この危機を乗り越えられなかったかもしれません。

橋場●それは貴社が、研修やビジネスコーチングの効果を一時的ではなく、永続的なものにできつつあることを示しているのかもしれませんね。研修やビジネスコーチングでは、受けた直後は一時的にモチベーションが高まるものの、現場に戻ると持続できなくなってしまう状態が往々にして見られます。一度取り組んだ思考・行動の変容を持続するには、何が大切なのでしょうか。

深井●目的を共有したうえで、自分たちで課題を見つけて取り組むことではないでしょうか。様々な研修を企画していますが、目的を明確に共有することなく社員を呼んで参加させても、その学びが生かされることはほとんどないと思います。また、学んだことを生かして新たに取り組み、成功体験を得る機会も大切。小さくてもいいからまずはやってみるというスモールサクセスの経験が必要でしょう。もうひとつは仲間の存在です。「あの人、すごく話しかけやすくなったなあ。自分も変わりたい!」と思えるかどうか。よい仲間、信頼できる仲間と共に学ぶことが大切だと思います。

山梨●研修の学びを実践に移していくことについては、本人の意思があることは大前提として、企画する側の責任も大いにあると考えています。参加者本人に任せきりにするのではなく、上司などの関係者も巻き込んで仕組み化していくことが重要なのではないでしょうか。「共に頑張る集団」をつくって、並走する体制をつくれれば、学びを継続させる習慣にもつながると思います。

ビジネスコーチは「変わりたい」という本音を後押ししてくれる存在

橋場●貴社では、テーマに応じて外部のコンサルタントを活用したり、専門家の力を借りたりしていると思います。そうした存在と比較して、ビジネスコーチにはどんなことを期待していますか。

深井●コンサルタントや専門家には私たちにない最先端の知見を求めていますし、純粋に足りない部分を補っていただく戦力として期待している部分もあります。いろいろな事例の紹介を通じて気づきをもらい、当社の事情に合った仕組みに変えるために手伝っていただいているわけです。それに対してビジネスコーチに期待しているのは、事業を動かすときに最も大切な「人」の行動変容をサポートすること。私自身もそうだったように、コーチングによって人の考え方は変わりますし、コーチから背中を押してもらえれば行動も変えることができます。何かしらの課題を抱えている人は、表面的には変化に抵抗していても、本心では「変わりたい」と考えているもの。そうした本音と向き合い、背中を押してくれる。ビジネスコーチは、そんな存在だと考えています。

山梨●私はビジネスコーチとの関わりを通して、自ら考え、自ら動く人を育てることにつなげていきたいと考えています。上司の指示通りにする仕事が本当に楽しいのか。自分がやりたいことは何なのか。それを振り返り、「仕事が楽しい」と捉えられるようになれば、それは本人にとって大きな変化だと思うのです。

深井●仕事が楽しくなるかどうかは、自分次第ですからね。目の前のタスクばかりを捉えていると「仕事はつらいことばかりだ」と感じるかもしれませんが、仮にルーティンワークの多い業務を担当している人でも、「どうすれば生産性が高まり、お客さまに貢献できるか」を考えることはルーティン業務とは違うはず。仕事の捉え方を変えられれば、仕事は楽しくなる。そうやって自分の仕事を俯瞰するためにも、ビジネスコーチは重要な存在なのだと思います。素晴らしいコーチがいれば、素晴らしい気づきの機会を得られますから。

第10章

ビジネスコーチの未来とこれからの役割

10

ボタンひとつであなたに「気づき」がもたらされる時代がやってくる⁉

いかなる職業にも、本質的な役割やミッションがある。

例えば、寿司職人であれば、美味しい寿司を握りお客さまを喜ばせること。歌手や芸術家や芸人といったアーティストであれば、自身のパフォーマンスや作品を通じて、お客さまに感動や驚きや笑いを提供すること。では、ビジネスコーチはどうか。相手に「気づき」をもたらし、行動変容を促し、よりよい成果につなげ、一過性の行動変容にとどまらず、よい行動を習慣化し定着させる支援をすること。これが役割やミッションとなる。

いまや、ＡＩが人を喜ばせたり、驚かせたりする小説を書けるようになってきており、これまで人間にしかできないと思われてきた領域についても、今後、時間の経過と共にＡＩやロボットに代替される領域が増えてくるのは必然の流れとなりつつある。

では、ビジネスコーチングという行為は、どこまでＡＩやロボットに代替されるだろうか？いずれは、ボタンひとつであなたに「気づき」がもたらされる時代がやってくるかもしれない。どういうことか？

ビジネスコーチングは、対象となるクライアントに対して様々な角度から問いかけ、フィードバックあるいはフィードフォワードすることにより、相手に気づきをもたらすアプローチを取るが、何が相手に最も有効な気づきをもたらすかは、コーチングセッションが開始された段階では通常は分からない。ここまで本書にお付き合いいただいた読者の皆さんにとって、本書が新たな気づきをもたらすことができているかどうかは、実際にある程度読んでみないと分からず、その意味でコーチングセッションは読書体験にも似たところがある。

あなた自身はいま、どのような空間で、どんな心身の状態で本書を読んでくれているだろうか。例えば、最近働きすぎで、全身に疲れがたまっているものの、どこが凝っているのかを自分自身では正確に把握できていないため、言語化することもできないかもしれない。そんなとき、マッサージ師があなたの肩や腰を指圧してみたりして、どこに凝りがあるかを探っていき、あるポイントを指圧したときにあなたの体に痛みが走り、はじめて凝りの場所が特定され、ツボが見つかる。

ビジネスコーチングにおいても、コーチングセッションの最初の段階から凝りの部分が分かっていれば、それほど苦労せずにコーチングを進めていくことができるが、往々にして、凝りやツボの場所を本人は自覚できていない。だからこそ、凝りの場所の特定し甲斐があるとも言える。

気づきの正体は、クライアント本人が薄々気づいていたことや潜在意識の中で感じていたことを、コーチである第三者から問いかけられたり、フィードバックあるいはフィードフォワードされたりしたときに、ハッと気づく瞬間であり、「あ、そうすればもっと生産性が上がるんだ！」とか「そういう考え方をすれば、もっと前向きに取り組めそう！」といった自身の感情や考えにたどり着くことだ。気づきをもたらすきっかけ、トリガーになるのがひとつの「質問」であったり、「フィードバック」「フィードフォワード」での言葉だったりする。

通常1回当たり、30分や1時間といったコーチングセッションの中で、そうした「気づき」の瞬間が1つでも2つでもあれば、当該コーチングセッションを実施した価値があったことになるが、この気づきは、コーチもクライアントもいつ、どのような対話の瞬間に訪れるかはセッション開始時にはまったく予測がつかない。コーチングセッション開始から15分くらい経ったときにコーチが投げかけたあるひとつの「質問」がクライアントの胸に深く突き刺さり、大きな気づきをもたらすことがあるかもしれない。あるいは、コーチングセッション開始から59分が経過しても気づきの瞬間は訪れなかったのに、最後の1分間でコーチがクライアントに投げかけたさりげないフィードバック、フィードフォワードの一言で、クライアントが自分の本音と心の底から向き合うきっかけができ、大きな気づきにつながる、といったようなこともあるかもしれない。

コーチがクライアントに投げかける質問やフィードバックといった言葉の一つひとつは「なんとなく思い付きで」投げかけているものではなく、いずれも「戦略的」に意図を持って投げかけられる言葉だ。例えば、非常に思考が近視眼的になっているクライアントに対して、「クライアントにはもっと視野を広く持ってもらう必要がある」とコーチが戦略的に考え、視野を広げる質問（例えば、「5年後のあなたから見て、いまのあなたの活動はどのように映ると思いますか？」

など）を投げかけることもあるだろう。

こうしたクライアントの気づきに到達するために、これまでは30分あるいは60分も要していたコーチングセッションが、テクノロジーの発達によってボタンひとつで「あなたにとって最良の気づき」を獲得することができるとしたら、どうだろうか？　ＡＩスピーカーに向かって「オッケー、Google!」「アレクサ！」と話しかけるのと同じように、「いまの私に最も必要だと思われるキラー質問を頂戴！」「いまの私にとって最も必要な行動変容につながるフィードバックを頂戴！」とＡＩロボットに話しかけることによって、「これこそが私が必要としていた言葉だ！」とあなたが心底思えるような答えが返ってくるのなら、あなたは人間のコーチを雇う代わりに、ＡＩロボットのコーチを雇うだろうか。

プロのビジネスコーチは、クライアントとの対話を通じて、「何がクライアントにとって深い気づきや本質的な課題なのか」について脳ミソをフル回転して考えながらクライアントと対峙している。インプットになるのは、クライアントの表情であり、言葉であり、文脈であり、これまで相手が歩んできた人生そのものだ。対話分析技術が進化すれば、生身の人間でなければ生み出せないと思われるような「究極の質問」を、ＡＩロボットはもっと短時間で生み出すことが可能になるかもしれない。

「それは、あなたにとってどのような意味があるか？」という問いの重要性

ビジネスコーチングを行う側も、受ける側も、人である以上、背負っている人生があり、幸せな瞬間や楽しい瞬間だけでなく、つらく悲しい時間を幾度となく重ねたうえで、いまこの瞬間を迎えている。ビジネスコーチを行う側は、人生の様々なシーンにおける喜怒哀楽を含め、クライアントがいまこの瞬間まで、その人なりに最善を尽くしてきたうえで目の前に立っていることを忘れてはならない。ビジネスコーチングのプロセスの中でビジネスコーチから様々な質問やフィードバックが投げかけられることで、クライアントの脳が高速回転し、その頭に浮かんだ言葉を自身で声に出してみる。それによりいくつかの気づきや発見が生まれ、その中から実際にクライアント自身にとって重要で、かつ、必要な事柄が特定されていき、それを具体的行動に結びつけようとしていく行為がビジネスコーチングだ。

ビジネスコーチングの過程において、クライアントの頭にあるアイデアが浮かび、それを実践に移そうとするときに重要となるのは、以下の問いだ。

「それは、あなたにとってどのような意味があるか？」

なかなか営業成績が上がらないクライアントが、コーチングセッションを通じてよりよい成績

を上げるために、いくつかのアイデアを頭に浮かべたとする。その中の一部が、そのクライアントが実践していく行動の素（インプット）になるわけだが、中長期的に高いパフォーマンスを発揮する人に共通するのは、一つひとつのアイデアや行動が、自身にとってどのような意味を持つのかについて言語化・認識できており、自身の中長期的なビジョンとリンクさせていることだ。

例えば、先の営業成績がなかなか上がらないクライアントがよりよい成果を上げるための有効なアイデアとして、「パワーパートナーを100人つくる」ということを思い付いたとする。パワーパートナーとは、あなたの活動を応援してくれる人、課題にぶつかったときに解決に向けた助言をくれる人を指すが、この「パワーパートナーを100人つくる」という活動が、このクライアントにとってどのような意味を持つかは、つまるところクライアントが描く最終ゴールによって変わってくる。10年以内に世界を変えるイノベーション組織をつくりあげるという大志を抱く人にとっての「パワーパートナー100人」が持つ意味と、対前年の営業成績を130％に増やすために「パワーパートナー」を単に自身の営業リソースの一部として捉えているのとでは、「パワーパートナー100人」がこのクライアントにとってどのような「意味」を持つか、まったく違ったものになる。

あなたの人生の目的は何か？

あなたの属する組織の目的・存在意義は何か？

この2つが、いまほど問われている時代はなかったのではないだろうか。

「それは、あなたにとってどのような意味があるか？」という問いに対する答えは、人生の目的や、属する組織の目的・存在意義とリンクしていればいるほど、あなたの歩む道を豊かなものにし、あなたの日々の行為や活動が有意義なものとなり、輝きを放ってくるのだ。

職業としての「ビジネスコーチ」の可能性

多くの名経営者を導いたコーチとして知られるビル・キャンベル氏を描いた『1兆ドルコーチ』にも記されている通り、「コーチングは特殊技能」ではない。誰もが身につけられるものであり、誰もが実践できる行為だ。

しかしながら、職業としてのビジネスコーチを考える際、プロフェッショナルとしてクライアントに期待以上の成果を提供し続け、それに対する十分な対価を得ることができるかどうかは別問題だ。楽器を演奏したり、歌を歌ったり、絵を描いたりすることは、老若男女誰でも取り組めることではある。しかし、プロの音楽家、職業作家として食べていけるかはもとより、プロフェッショナルとして対価に見合った価値を提供し続けることができることとはまったくの別問題であるのと同じだ。

職業としてのビジネスコーチを確立するためには、ビジネスコーチングを学ぶ土壌（学校などの学びの場）や、ビジネスコーチに関する情報が集約されたプラットフォームが必要だ。私が経営に携わるビジネスコーチ株式会社の2022年現在での位置づけは、一言で言えば「ビジネスコーチングのファブレスメーカー」だが、将来は「ビジネスコーチングのプラットフォーマー」になることを目指している。

多くの人にとって、例えば、買いたいものがあれば、お気に入りのネット通販サイトを立ち上げて、欲しい情報を検索し、ワンクリックで手に入れる、という行為はもはや日常的で当たり前のものになった。多くのネット通販企業が豊富な品揃えを分かりやすく提示してくれているように、ビジネスコーチングが広く多くの人に「活用」されるためには、ビジネスコーチやビジネスコーチングに関する情報を分かりやすく提示するプラットフォームが必要だ。しかしながら、ビジネスコーチやビジネスコーチングは私やビジネスコーチ株式会社の専売特許などではまったくないため、ビジネスコーチング市場を盛り上げていくためには、競合他社とも健全な競争を展開していき、ビジネスコーチングの市場全体を拡大していく個々の企業努力が欠かせない。

どんなに著名な経営者であったとしても、ビジネスコーチとしてのセルフブランディングを行い、自らをビジネスコーチとしてプロモーションし、優良クライアントを獲得して、ビジネスコーチングというプロフェショナルサービスを展開する、という一連の活動をひとりで行うことは、もはや難しくなってきている。それ以前に、ビジネスコーチ「個人」としてビジネスコーチングを提供することの限界がある。それは、クライアントである企業の期待値が、企業における「個」に対するコーチングのみならず、企業における「チーム」や「会社全体（コーポレート）」に対するコーチングにまで広がりつつあるからだ。

エグゼクティブコーチングなどのビジネスコーチングに関するプロフェッショナルサービスを展開する企業が日本にもいくつか存在するが、独立自営業者の形で、「ひとり社長」としてビジネスコーチングに取り組む人が大多数であり、一定の社員数、一定の売上規模を有するビジネスコーチングファームとなると、2022年現在の日本においてはまだ数社程度しかない。日本における将来のビジネスコーチング市場が少なくとも4000億円以上あると仮定すれば、この伸びしろは計り知れない。そしてビジネスコーチングを、企業のみならず、将来的に学校教育においても展開していくためには、民間企業だけの活動にとどめるのではなく、大学など学校法人とタイアップしアカデミックな調査・研究に裏打ちされたサービスの開発や、官との連携による国家資格制度の創設なども今後の課題となる。

「あなたに、ひとりの、ビジネスコーチ」の先にある究極的な目標

朝目が覚めて、1杯の香り立つコーヒーを飲むように、ビジネスコーチングの考え方が多くの

人にとってごく当たり前のものとして日常生活に溶け込んでいる光景は、私自身が目指している方向性にほかならない。しかし、「あなたに、ひとりの、ビジネスコーチ」の先にある究極的な目標は、**ビジネスコーチが存在せずとも、多くのビジネスパーソンが、各自が持つ多様な魅力、想い、能力を存分に発揮し、その人にしか歩めない唯一無二の意義ある人生を送っている状態が当たり前になっているような世界**の実現だ。

コロナ禍におけるエッセンシャルワーカーの代表格である医療従事者の皆さんの仕事は、どんなにテクノロジーが進んだとしても、最後の最後まで必要とされる職業のひとつではないかと思うが、その点においてビジネスコーチはどの程度、社会にとって必要不可欠な存在足り得るだろうか。多くの親は、子育てをするときに、わが子に対して「いま、息子または娘は、○○ができなくてぐずったり、泣いたりしているから、うまくできるようにティーチングしてみよう」とか「本人は気づいていないようだが、この部分が改善点だから、本人が気づくようにフィードバックしてみよう」だとか、そんなことをいちいち頭では考えない。ほぼ無意識のうちに、子供にとって最適な関わり方を親として直感的かつ感覚的に実践している。

一言で言えば、ビジネスコーチングという行為も、そんな形で多くのビジネスパーソンに活用されたらいいと思うし、このように「無意識のうちに」「自然な形」で活用されることが、ビジネスコーチングの受け手の多くの可能性や能力を解き放つことにつながるのではないだろうか。

ビジネスコーチの未来とこれからの役割

ビジネスコーチの未来とこれからの役割を考えるためには、私たちが生きていく地球社会がどのような状態となっていくのか、人々が何を重視し、どのような価値観の下で働き、どのような価値観を持って充実した人生を過ごしていくのかを考えなくてはならない。特に日本がこの30年もの間、実質賃金が横ばいであることは既に触れた通りだが、国内総生産（GDP）といった経済指標だけでは私たち人類は満たされなくなってきている。いわゆる非財務的指標を基軸にした心身の健康や充実、人間らしい生活、持続可能な環境や社会など、「目には見えないもの」「精神的な豊かさ」といった価値観へ重心が移されつつある状況は見過ごすことができない変化だ。いわゆる「ウェルビーイング」などの多様な価値観を尊重することが、全世界的に真剣に検討され始めている。

かねて私は、プロスポーツの世界では当たり前のようにプロのコーチがついているにもかかわらず、ビジネスパーソンにはそうしたコーチに相当する存在がいないことを不思議に感じていた。社会人になる前の学生にとっては、多くの場合、親や学校の先生が、彼らの人生における「コーチ」的な役割を担うこととなるが、学生生活を終えて社会に解き放たれると、いきなり「自律自走」を要求され、厳しい競争環境において生き抜く力が唐突に求められる。

国民の精神的な豊かさや充実度を測る様々な調査で常に上位に入るのは北欧諸国だが、日本との大きな違いのひとつは、自律に対する意識の高さだけではなく、自律に取り組むタイミングの早さだ。小学校入学前の幼児の頃から「どのような人生を歩んでいきたいか？」という問いが投げかけられる。こうした問いかけは早ければよいというわけでは必ずしもないが、すぐに問いに対する答えが出なかったとしても、周囲を見る目が変わったり、身近な親や幼稚園や学校の先生の生き方を見て、自分がどんな大人になりたいのか、といったことを自ら主体的に考えたりするきっかけにはなるのではないだろうか。

ビジネスコーチングを学んだかどうかということは、大局的な見地からすれば多くの読者の皆さんの人生にとってはまったくの細事であって、**これから大事になってくるのは、自ら考え自ら責任を持って行動できる「自律」の先にある、あなた自身やその人が持っている魅力・想い・能力を生かすこと。そしてあなた自身のみならず、これからの地球社会を支えていく次世代が主体的に選択した人生において前向きにチャレンジし続ける姿勢を持って生きていくこと**ではないだろうか。

もしかすると、こうした姿勢の重要性の根っこの部分は１００年前から変わっていないのかもしれないが、ポイントのひとつは「**主体的に選択**」という部分だ。職業選択における制約や、男女雇用機会の不平等さ、経済格差といった様々な制約がいまなお完全に克服できたとは言いがたいが、少なくとも2020年代以降を生きるわれわれは、マズローの欲求五段階説で言うところの「生存の欲求」や「安全の欲求」が脅かされる可能性は大幅に減少した（しかしながら、2022年2月24日に始まったロシアによるウクライナへの軍事侵攻は、全世界の人々の生存と安全の欲求を脅かすこととなった）。本人の主体的な姿勢があれば、「自己実現の欲求」にチャレンジできるチケットはすべての人に平等に配られている状況だ。かつての社会においては、やりたいことがあっても、家庭の事情等で断念せざるを得ない先人たちが無数に存在していたことを思えば、その人らしく生き、その人らしい生き方で社会に貢献していくことに思う存分チャレンジできる機会を与えられたわれわれは、本当に恵まれていると考えるべきではないだろうか。

第10章のポイント

- AIなど最先端のテクノロジーは、私たちに「気づき」をもたらすまでに必要な時間や、「気づき」をもたらすポイントを大きく変える可能性がある。
- 「それは、あなたにとってどのような意味があるか？」という問いの重要性は、今後さらに高まってくる。相手にとって意味がないことであっても、あなたの人生にとっては大きな意味があることもあれば、その反対もある、ということを意識して対話を進めていく必要がある。
- ビジネスコーチングが目指す究極的な目標は、多くのビジネスパーソンが、各自が持つ多様な魅力、想い、能力を存分に発揮し、その人にしか歩めない、唯一無二の意義ある人生を送っている状態が当たり前になっているような世界の実現である。

● 自律を研ぎ澄ませていくことによって、主体的にチャレンジすることが可能となり、それが、あなたの人生をさらに輝くものに進化させていく。

第10章に関する簡単なワーク（演習）

Q1 あなたが現在取り組む仕事や家事、子育て、社会貢献活動は、あなた自身にとってどのような意味を持つだろうか？　また、それはあなたを取り巻く周囲にとって、どんな意味を持つだろうか？

Q2 あなた自身が主体的にチャレンジすることで、あなた自身のさらなる成長や周囲に対する新たな価値提供が可能になるとすれば、それはどんなことだろうか？

おわりに

私は2005年にビジネスコーチ株式会社の創業に参画し、同社の経営に取り組みながら、ただひたすらクライアント企業の業績向上や人材育成に貢献すべく、情熱を持ってビジネスコーチングに取り組んできた。2022年には同社の東京証券取引所グロース市場への上場を実現した。

クライアントである企業の経営幹部に対するエグゼクティブコーチングを実施し、管理職層に対する1対Nのコーチング（研修）・ワークショップの企画をしつつ、講師・ファシリテーターを務め、17年間で1対1でのコーチングセッションは累計500名以上、コーチングセッション時間は累計6000時間以上、研修やワークショップを含めるとすでに1万時間を超えた。同時並行でプロのビジネスコーチを育てるスクールの企画・運営にも携わり、日本経済新聞社と共催する日経ビジネススクールでの登壇も含めると卒業生は700名を超えた。

大変光栄なことに、クライアントには上場企業を中心とした日本を代表する企業や官公庁が名を連ねている。ビジネスコーチングを実施した企業の中には、ビジネスコーチングの期間中に時価総額を大きく伸ばした企業もあれば、売上・利益といった業績向上を実現した企業もある。また、明確な業績数値には表れなくても、社員のエンゲージメントが高まり、結果として組織風土が改善され、社員がイキイキと働くようになった会社もある。

むろんこうした成果のすべては、ビジネスコーチングの力のみによるものなどとはまったく考えてはいない。あくまでもクライアント企業の皆さまの日々の真摯な活動の積み重ねがあってこそ実現されたものであり、ビジネスコーチングはそうした企業活動を側面から支えているひとつの支援行為に過ぎないということは十分に自覚しているつもりだ。

将来コーチングやビジネスコーチングを学び、コーチやビジネスコーチになりたいと思う人は決して少なくないと考えているが、私自身もビジネスコーチングに取り組み始めてまもなく直面した極めて現実的な課題があった。それは、

売れなければ、クライアントに貢献できず、ビジネスコーチングを続けることはできない

という冷厳たる事実だ。過去にどんなに著名で優秀な経営者であったとしても、ビジネスコーチとしてどんなに卓越したスキルを有していたとしても、どんなにアカデミックな経営理論を学んで論じることができたとしても、ビジネスコーチングを受けてくれるクライアント（相手）がいなければ、ビジネスコーチングを行う機会を得ることはできず、結果としてビジネスコーチングのスキルを向上させることはできない。

ビジネスコーチングの存在をはじめて知った２００３年、私は事業としてうまくいくかどうかは別として、「ビジネスコーチングを自分自身でやってみたい！」という強い衝動に駆られた。

当時はアクセンチュアというグローバルに展開するコンサルティングファームに在籍していたが、ビジネスコーチングの「引き出す」アプローチは、コンサルタント自身がバリューを発揮しクライアントに教えるというコンサルティングと正反対のアプローチだったことに強い衝撃を受けた。1990年代前半頃まではコーチングという言葉は当時、スポーツの領域にしか存在していなかったが、それが欧米ではすでにビジネスの世界でも導入され始めているという事実を知り、心底ワクワクし、心が躍った。そして、自身でビジネスコーチングに取り組むためにも、まずは自分自身が自腹でコーチを雇って、ビジネスコーチングを受ける体験をしてみたいと考え、すぐにコーチを探して私自身がコーチングを受ける体験をした。

実際にコーチングを受けてみると漠然とした想いが「ビジネスコーチングを自分自身でやってみたい」という確信めいた考えに変わった。大学卒業後に約6年間勤めたアクセンチュアでの経験を生かした新しいビジネスコーチングを提供できるのではないか、という想いに駆られた。このビジネスコーチングという手法はさらに進化させられるし、もっともっと企業や社会にとって必要なものになっていくだろうという根拠のない自信が湧いてきた。

そうは言っても、売れなければビジネスコーチングを続けることはできない。最初はお金をいただくことなく「私自身の勉強のために、私のコーチングのクライアントになってもらえませんか？」とこちらからお願いして知人から紹介してもらった人などにクライアントになっていただいた。アーティストで言えば、ギター一本、マイク一本で弾き語りをする路上ライブのようなものだった。お金を一切いただかずに実施した「無料クライアント」が10人を超えたあたりから、コーチングフィーをいただく有料コーチングに取り組むことにした。

はじめての有料コーチングは、1回60分のコーチングセッション、お客さまからいただくコーチングフィーは7000円に設定した。「売れ続けなければ、やりたかったビジネスコーチングを継続できない」という感覚は、その後も何度も私の頭によぎり、ビジネスコーチングを始めた当初はとにかくクライアントを獲得すべく「営業活動」に奔走した。仲間と共に会社を立ち上げて最初の半年間はわずか900万円ほどの売上しか達成できず、2年目には1億円を超えたものの、そこから10億円を超えるまでにはさらに長い年月を要した。事業規模100億、1000億に到達するまでにはもうしばらく時間がかかりそうだ（事業規模はあくまでも成果指標の一部であり、目的そのものではない）。

幸い、現在も私が経営に携わるビジネスコーチ株式会社はおかげさまで順調に成長し、業績も伸びているが、ビジネスコーチングの事業はまだまだ未開拓の部分が多いため、「伸びしろ」は決して少なくないと考えている。よほど私なんかよりも能力が高く、優れたビジネスコーチングを提供できる人材はまだまだ世の中にはたくさんいるのではないかと考えているが、ビジネスコーチングを提供する機会そのものを確保できないでいる人が潜在的に大勢いるのもまた事実だ。機会が確保できないので、ビジネスコーチングの腕も上がらない、という悪循環に陥ってしまっている部分は否めず、この部分を好循環に持っていくためのチャレンジを今後も続けたいと考えている。

ビジネスコーチングを通じたクライアントのパフォーマンス向上支援に30代、40代の人生を捧げてきたひとりとして、本書を機にビジネスコーチングの楽しさや奥深さをひとりでも多くの方に知ってもらい、自身や自組織、周囲の人やその人が所属する組織のパフォーマンス向上に役立ててほしい。そんな思いで本書の執筆に取り組み、いまなおビジネスコーチングを世に広めるべく、事業に邁進する毎日だ。

そして、私にはもうひとつ、大きな夢がある。それは、

日本発（日本初）の自律型人材育成手法（行為）としてのビジネスコーチングの考え方、方法論を世界に発信（輸出）していくこと

だ。私が生きている間に実現できるかどうかは今後の努力次第ではあるが、そんな夢を抱いている。いわゆる人事領域におけるさまざまな人材育成手法やメソッドはこれまで長らく欧米企業の後塵を拝してきた。まず欧米で開始・導入されある程度普及した数年後に日本にも輸入されてくる、というのがお決まりのパターンで、私はこの流れを変えたい。日本で導入され、学術的にも検証され、成果につなげたメソッドを世界に向けて発信（輸出）することができたら、それ自体に大きな社会的意義があり、こんなにうれしいことはない。

コーチングやビジネスコーチングの手法自体も米国から日本に輸入されてきたものだが、日本に入ってきたタイミングよりずっと前から米国ではビジネスの領域においてコーチング手法が広まっていた。人の思考変容・行動変容を起点として、人と組織の成長を支援するビジネスコーチングという行為は、よい意味での日本人の真面目さ、真摯さ、きめ細かさを生かすことで、日本独自の人材育成モデルを構築できる可能性を秘めているのではないだろうか。

そうした想いを持つ一方で、明日からもまた、ビジネスコーチングを活用してよりよい成長を実現しようとしている目の前のクライアントに対して、真摯に向き合い、よりよいビジネス成果やビジネスパーソンとしての豊かで充実した人生の応援をしていきたいと考えている。

私がビジネスコーチングに興味を持ち、それ以前にコンサルティングファームで働くことに興味を持つきっかけとなったのは、ほかでもない恩師である山内惟介先生（現・中央大学名誉教授）の存在があったからだ。山内先生には1993年から1997年まで中央大学法学部国際企業関係法学科のゼミ（法学基礎演習）で厳しくも温かいご指導をいただいた。先生から課せられた課題レポートを思うように書けずに、10回以上「書き直し」と赤ペンで書かれてクールに突き返されたことは、いまとなってはいい思い出だ。レポート添削を通じて鍛えていただいた「自分で考える力」「書く力」がなければ、本書を書き上げることは到底不可能だったと思う。山内先生の指導スタイルは一言で言えば、「教える」のではなく「学生に考えさせる」スタイルであり、山内先生の指導スタイルを通じて、身をもって「自ら考えること」「自律すること」の重要性を学ばせていただいた。山内先生にマンツーマンで教わった争点整理力やディベート力は、いまもビジネスコーチングを実践するうえでの私の礎となり、軸になっている。

いまになってみると、山内先生が学生の私に対して実施してくださっていたことがビジネスコーチングそのものだったようにも感じている。30歳で会社を辞め、起業がうまくいく保証などまったくなかったにもかかわらず、ビジネスコーチング一本で勝負すると心に決めたとき、起業に際して山内先生からいただいた3つのアドバイスはいまも大切にしている。

1　顧客を知り、顧客に合わせること
2　哲学を持つこと
3　中長期的な展望を持つこと

残念ながらコロナショック以降、直接お目にかかる機会が得られていないが、この場を借りて山内先生に対して心より御礼申し上げたい。山内先生の存在がなければ、私がビジネスコーチングに取り組むこともなかったであろうし、本書が世に出ることは決してなかった。いまなお教え子のことをいつも考えてくださる山内先生には感謝の気持ちでいっぱいである。

最後になるが、本書の刊行に際して、実に大変多くの方にサポートをしていただいた。

まずは超多忙なスケジュールの合間を縫って快く筆者との対談・インタビューに応じてくれた株式会社ＭｏｎｏｔａＲＯの代表執行役社長の鈴木雅哉さん、日清食品株式会社の取締役で事業構造改革推進部長の深井雅裕さん、日清食品ホールディングス人事部主任の山梨夏希さんには、リアルな実体験についてお話しいただき、心より感謝の気持ちをお伝えさせていただきたい。本書の編集を担当してくださった株式会社日経ＢＰの網野一憲さん、対談・インタビューの章の原稿作成をサポートしてくださった株式会社プレスラボの野村英之さん、ライターの多田慎介さん、写真家の有光浩治さん、装幀を担当してくださった夏来怜さん、以上の皆さんのお力添えのおかげでより魅力的な本を作ることができたこと、この場を借りて心より御礼を申し上げたい。またビジネスコーチ株式会社のパートナーの皆さまのおかげがあったからこそ、ここまでビジネスコーチングに取り組むことができており、日頃からのお力添えに対して心より感謝を申し上げたい。

そして、本書の刊行を後押ししてくれたビジネスコーチ株式会社の青木裕さん（常務取締役）、日夜のハードワークにもかかわらず本書の刊行に際して原稿の最初から最後まで通しで読んでいただき貴重な助言をくれた同社の山本佳孝さん（常務取締役）と出口亮輔さん（営業本部副部長）には特に感謝をしたい。また、役員といつも私を支えてくれているビジネスコーチ株式会社の皆さん、そしていつも私のことを全面的に支え、応援してくれる家族と両親にもこの場を借りて心から感謝したい。お父さんお母さんの子供であることが誇りです。いつも本当にどうもありがとう。

戦争のない真の対話重視の地球社会実現を願って

2023年秋

橋場 剛

著者紹介

橋場 剛（はしば・ごう）

ビジネスコーチ株式会社 取締役副社長。

エグゼクティブコーチ、ビジネスコーチ。

中央大学法学部国際企業関係法学科卒業後、アクセンチュア株式会社入社。マネジャーを経て、プロのビジネスコーチとして独立。2005年、ビジネスコーチ株式会社の創業に参画し、取締役に就任。2022年10月、同社を東京証券取引所グロース市場への上場に導く。2017年より現職。

経営者・経営幹部に対するエグゼクティブコーチングおよび管理職への1対Nコーチング、コンサルティングを実施し、多くの企業経営者・経営幹部・管理職から高い評価を受ける。

「あなたに、一人の、ビジネスコーチ」の実現に向け、挑戦し続けるビジネスパーソンを応援し、働く人と組織に活力を与えるために、クライアント（人と組織）の行動変容とその習慣化・定着化に力を注いでいる。

本書執筆時点でのコーチングセッション・研修実績は、300社以上、延べ10万人以上、累計1万時間超。

著書に『優れたリーダーに変わる　たった1つの行動』（中経出版）、『ダイエットに成功する人が会社を活性化できるワケ』（扶桑社新書）など。

ビジネスコーチング大全

2022年 5 月19日　　1版1刷
2023年10月20日　　　2刷

著　者　橋場　剛
発行者　國分正哉
発　行　株式会社日経BP
日本経済新聞出版
発　売　株式会社日経BPマーケティング
〒105-8308　東京都港区虎ノ門4-3-12
装　幀　夏来　怜
写　真　有光　浩治
DTP　マーリンクレイン
印刷・製本　三松堂
ISBN978-4-296-11340-8

本書籍に関するお問い合わせ，ご連絡は下記にて承ります。
https://nkbp.jp/booksQA

Printed in Japan